语文教师小丛书

语文教师小丛书

古书今读法

胡怀琛 著

商務印書館
创于1897 The Commercial Press

图书在版编目(CIP)数据

古书今读法/胡怀琛著．—北京：商务印书馆，2017
（2025.5 重印）
（语文教师小丛书）
ISBN 978－7－100－12995－4

Ⅰ.①古…　Ⅱ.①胡…　Ⅲ.①读书方法　Ⅳ.①G792

中国版本图书馆 CIP 数据核字(2017)第 040184 号

语文教师小丛书
古书今读法
胡怀琛　著

商　务　印　书　馆　出　版
（北京王府井大街 36 号　邮政编码 100710）
商　务　印　书　馆　发　行
北京市十月印刷有限公司印刷
ISBN　978－7－100－12995－4

2017 年 7 月第 1 版　　开本 787×1092　1/32
2025 年 5 月北京第 5 次印刷　　印张 3⅛　插页 2

定价：39.00 元

出版说明

本馆历来重视教育，自 1897 年创立迄今，以“昌明教育，开启民智”为宗旨，始终肩负中国新教育出版重任，编辑出版中小学、大学各科教科书，教学参考书，师范用书，移译各国教育书籍，分类编纂，精益求精，尤为教育界所欢迎。

我们确信，无论时代潮流如何变迁，教师始终应当具备丰富的文化知识。语文学科具有基础性和综合性的特点，语文教师尤其需要广泛吸取各类有益的思想文化知识，充实自己的头脑。承载这类知识的图书品种十分丰富。那些为语文教师所公认的经典好书，蕴含着丰富的知识思想和学术价值，值得反复阅读。过去，这些书或以单行本印行，或收入其他丛书，从语文教师文化知识积累角度而言，难成系统，不便于收集和查考。为此，我们在广泛征求意见的基础上，从满足语文教师专业成长需要出发，选择语文教育相关领域中为学界所公认和熟知的大家经典，汇编成“语文教师小丛书”，陆续编辑，分辑印行，以期相得益彰，蔚为大观，既便于教师研读查考，又有利于文化积累。

晚清教育家张之洞说过："读书宜有门径。泛滥无归，终身无得；得门而入，事半功倍。"愿这套丛书能够为语文教师指示一条读书的小径。希望海内外教育界、知识界、读书界给我们批评、建议，帮助我们把这套丛书出好。

商务印书馆编辑部

2017 年 1 月

今天如何读古书

唐子恒

一

鸦片战争以后，西方列强的坚船利炮轰开了清帝国的大门，西方的文化、思想、学术、科技等涌入了这个有着几千年文明史，又处于夕阳残照下的封建大帝国，与传统文化发生空前激烈的交汇。到民国时期，东西方文化继续会通碰撞，人文学术勃兴，涌现出了一批大师级的学者和各具特色的学术成果，胡怀琛就是这些大师中的一位，出版于1931年的《古书今读法》则是这些成果中的一部。

博大精深的中华传统文化，其中很大一部分是以古籍的形式传承下来的。无论要继承发扬传统文化的精华，还是要分析扬弃其糟粕，都必须对传统文化有所了解，这就需要阅读古书。《古书今读法》的出现，在当时有着重要的现实意义。

“古书”是一种通俗的称谓，这里说的“古书”应当指古代流传下来的历史资料，即古代文献[①]。我国历史悠久，古代文献的数量非常之大。据2009年中华书局、上海古籍出版社出版的《中国古籍总目》的统计，流传至今的古籍至少有20万种，前人多用“汗牛充栋”“浩如烟海”等成语来形容我国古籍之多，是一点也不过分的。这些文献，若从学科上分类，可以分为文学文献、历史学文献、语言学文献、医学文献、宗教文献、科技文献等等，每个学科都有自己的研究范围和研究方法。一部介绍今人如何阅读古书的著作，当然不能面面俱到地讲述各学科古籍的内容和阅读方法，而需要经过对前人阅读实践的总结，归纳出一套适应现代人对一般古籍阅读的经验和方法，这是一件很不容易做到的事情。而《古书今读法》就是这样做的，并且收到了很好的效果。

《古书今读法》全书十章。

第一章给古书下了一个颇有特点的定义：“中国旧有

① “文献”一词出自《论语》，原指有关礼仪典章制度的书面资料和熟悉这些制度的人才。元代马端临《文献通考》把“文献”用进了书名，后来“文献”就用来专指有历史价值或参考价值的图书资料。这里说的“文献”用的就是现代的意义。

的人情、风俗、哲学思潮、文学思潮等，完全没有受过西洋影响的，我们认为是中国古代的人情、风俗等等；凡记载或说明这种种的书籍，我们认为是古书。”可见作者界定古书，并不只看书籍产生的年代，而是更注重内容。

从第二章到第四章介绍阅读古书的目的和意义。

第二章从“考古”和“致用”两个方面讲述读古书的目的。在考古方面，“皓首穷经的书生，绝不能做成考古学者；而发掘古城古墓的工人，也不能做成考古学者”，所以考古应当实物和书本并重。在致用方面，“一社会，一民族，今日的情形，决不是和今日以前的事没有因果关系”，读古书固然是了解过去，但这种了解也是着眼于现在和将来。作者还主张考古和致用二者要相互结合，忽视了致用，考古就成了把玩古董，而忽视了考古，则要么会觉得古书无用，要么会受古书的欺骗。

第三、四两章介绍古书内容与现代社会的种种联系，以此说明阅读古书的现实意义，也进一步说明读古书时要把考古和致用结合起来。例如“三民主义”一节，作者认为，孙中山先生所创的三民主义，其中也主张恢复忠孝节义等中国的旧有道德。这就是从古书里看出中国独有的道德，要保存发扬。再例如“出棺材的文化”一节，从殡仪抬棺材的过程中，分析儒家丧仪、佛教文化、道教文化、西洋文化等的因素，说明中国的人情、风俗极其复杂，既吸收外来的东西，又不肯放弃原有的东西，使新旧混合。“最好的固然也能把新旧融化了而另辟出一个新境界，然也有时候弄得自相矛盾而不顾。”

第五、六两章介绍读古书的方法和读古书应当追求的境界。

关于读书的方法，古人有形形色色的体会。而作者认为今人读古书，在方法上不应强求一律，应当“各书各读法，各人各读法”。有时百读不厌，有时看一遍即可；有时可略观大意，“不求甚解”，有时则要细细琢磨，仔细体会；有时要信古，有时又要疑古。

各书各读法，是说不同的书要以不同的方法对待。对文学艺术作品，不应当像对其他书那样死抠字眼。如果因为“夜半不是打钟的时候”而指责“姑苏城外寒山寺，夜半钟声到客船”的诗句，那就可笑了。而其他书，如历史著作、论述性著作则要求真实可靠，符合逻辑。像《史记·老子韩非列传》中对韩非子作《说难》《孤愤》的时间的说法就自相矛盾，如果忽视了这个矛盾，就是把史书当纯文学作品来读了。

各人各读法，是说对同样的书，不同的人应以不同的方法去读。同一部书，例如《诗经》，做文学欣赏的人可以鉴赏其文学艺术的优美，研究语言的人可以注意其虚词等的用法、文字的通假、词义的演变，研究社会学、政治学的人可以注意作品中的男女恋爱与古代的婚姻制度以及当时当地的礼教风俗，等等。“一部《诗经》是如此，一切的书都是如此。”

关于读古书应追求的境界，作者提出了“精”“博”“通”三个字的口号。精，就是能提高；博，就是能广大。至于通，有两方面的含义：一是能贯通，不为见闻、门户所局限；二是能通达，读了死书而能活用。精而不通则容易固执仄狭，博而不精则容易琐碎，通而不精则流于浮泛，通而不博则病于空疏。所以精、博、通三者要并重，不可偏废。

第七、八两章讲读古书要“明学术源流”“明古书源流”。

中国古代的学术源流自成系统，与西洋不同。拿西洋的学科分类来套中国传统学术，“不是支离破碎，就是牵强附会”。作者还开列了部分书籍，为了解传统学术源流提供方便，以求在读古书时事半功倍。

古书源流与学术源流相联系，但学术源流是指学派而言，古书源流是指书本身而言。明古书源流就要熟悉目录版本。书目可以分为备查和备读两种，各有较重要的书籍。

至于版本，若当作古董，宋版、元版固然价值较高，但若当作读物，则是清人精刻的较好。作者还简要介绍了木刻、石印、铅印的各种版本的特点。

第九章讲的是读古书的材料与工具。今人为考古和致用而读古书，古书是我们的材料，而不是我们的圣经或约法。但也有一些古书可以作为工具，这类书除了普通的字典、辞书等以外，还有如《经籍纂诂》《读书杂志》《助辞辨略》《历代纪元编》等等。

第十章的题目是“读了若干部古书所得到的概念”。作者通过阅读古书和对中国旧有国情、文化等的思考，提出了自己对传统学术和文化的十条见解。这些看法基本上是把中国旧有的国情、文化与西方文化相比较得出的，其中有的很有见地，值得今天阅读古书的读者认真思考。比如“学问零碎而无系统”一条，我国古人虽然也讲究“格物致知”，传统典籍中也有大量涉及自然科学与社会科学的思想，但这些成果往往散见于历代经史子集等形形色色的文献当中。再比如“中国的学术都以政治为中心”一条，长期以来，对中国产生巨大影响的学术思想，如儒家、道家、墨家等思想确实与政治密切相关。就像《老子》这样崇尚自然充满哲学意味的著作，也被《汉书·艺文志》看作“人君南面术”，可见古人很重视该书在政治上的作用。

在今天看来，不管是《礼记》中的修身、齐家、治国、平天下，还是宋代张载的“为天地立心，为生民立命，为往圣继绝学，为万世开太平”，体现的确实都是这样的思想。

二

纵观《古书今读法》一书可见，作者一方面把文献学的知识融入书中，引导读者寻求阅读古书的门径，另一方面又结合传统文化和现代社会的特点，把古书阅读和现实结合起来。

我国典籍浩繁，逐渐形成了内容丰富的文献学。文献学研究的内容主要有文献的形成和发展历史，文献的整理、鉴别，文献的分类、编目和检索，各种文献的特点、用途，等等。学习研究文献学对阅读古书当然大有裨益，但是，作者要写的并不是一部文献学著作，写作的目的也不是培养读者成为文献学专家，而是为各专业领域的一般读者阅读古书提供方便，因此作者并没有系统地介绍文献学，而是运用文献学知识为读者提供古书阅读门径：“明学术源流”和“明古书源流”。

关于学术源流，读者应当对我国传统的学术体系有所了解。先秦诸子形成的九流十家，西汉兴起的经学，后来的老佛思潮，宋明时代的理学，清代的训诂考据，等等，都是中国独有的学术，如果对这些不甚明了，则难免迷失在古书的海洋中。而生搬硬套西方学术的框架来理解中国的古籍，则势必支离破碎，不得要领。作者介绍的《史记·太史公自序》中的《司马谈论六家要旨》、《汉书·艺文志》、《隋书·经籍志》等等，还包括胡适的《中国哲学史大纲》等近现代人的著作，无疑对了解中国学术源流有重要作用，可以给现今的读者在阅读古书时提供极大的方便，使之收到事半功倍的效果。

所谓古书源流，主要涉及的是目录版本之学。

目录学的创始人是西汉刘向，他奉成帝之命管理国家的图书，对这些书籍进行校勘整理和系统分类，并撰写目录。刘向及其子刘歆编写的书目《七略》分图书为六大类三十八小类[①]。《七略》原书已失传，保存至今最早的书目是《汉书·艺文志》。《隋书·经籍志》是现存较早的按四部分类的书目，分经、史、子、集四部共四十类，又附道经和佛经。这种四分法到《四库全书总目》已趋于完善。现今读古书还经常用到的一部书目是《中国丛书综录》，因为编纂出版得晚，《古书今读法》中没有提到。《中国丛

① “七略”是辑略、六艺略、诸子略、诗赋略、兵书略、术数略、方技略。所以《古书今读法》说是“七种门类”。其实“辑略”只是下面六略的总括，不是独立的一类，所以具体书目只有六大类。

书综录》也用四部分类，但于四部之后另立“别录”。目录学知识也是阅读古书非常需要的。熟悉了目录，既可以使查找图书更方便，又可以通过目录居高临下地总结学术源流，所以目录学常被前人认为是读古书的入门之学。

版本学也是文献学中的一个重要方面，主要研究图书版本的类型、版本的鉴定、“善本”的定义等，其内容很丰富。《古书今读法》面对的是一般读者，所以只大致介绍了刻本（主要是木刻本）中的官刻、家刻、坊刻三种，对版本的鉴定没有涉及。至于善本，有人注重其文物价值，也有人注重精校精刻、错误少，不残缺。现今非专业人员阅读古书，一般较少接触写本或木刻、石刻本，容易找到的大多是现今出版社出版印刷的本子。除了少数影印本之外，这些本子一般经过现代人的整理校勘和标点，有的还有详略不等的注释甚至现代译文，阅读起来很方便。不过现代人的标点注释和翻译可能存在失当之处，阅读时需要注意。

三

《古书今读法》内容充实深刻，为我们阅读古书提供了一条门径，虽然历经了岁月的变迁，但在今天仍能给人以深刻的启发，对于帮助今人了解古代经典，仍然富有实用价值。总结起来，《古书今读法》主要有如下特点：

一是适应了当时的社会、学术发展的需要。从时代背景来看，该书可以说是应运而生。任何民族，在任何时候，都不可能割断历史，凭空创造自己的文化。中华民族有五千年文明史，作为炎黄子孙，在社会变革时期，肩负着了解自己的历史、批判继承传统文化、继往开来的重要使命，就不能不读古书。而对于古书，处于不同时代、怀有不同目的的人当然应该有不同的读法。处在民国时代的作者，不希望人们像古人那样皓首穷经，博取功名，也不希望他们为读古书而读古书，一味地钻“故纸堆”。作者不仅以“古书今读”题名，而且内容上也处处体现了这样的意图。当今的中国，与民国时期相比又发生了巨大变化，以弘扬优秀传统文化、实现中华民族伟大复兴作为我们奋斗的目标，《古书今读法》在今天仍然有现实意义。

二是言简意赅，篇幅不大，方便阅读。古书阅读方法本来是一门庞杂的学问，可以从许多方面入手写成很大部头的著作，然而该书却只用了三万多字就把有关古书今读的方方面面说得清楚透彻。篇幅虽小，内容却极为丰富，这一方面与作者惜墨如金、字斟句酌有关，另一方面更得益于他学养的深厚和对传统文化高屋建瓴的把握。

三是阐述生动活泼，深入浅出。该书内容的学术性很强，但却没有丝毫教条习气，语言也不艰深枯燥。例如讲到读古书“考古”和“致用”的关系时，作者说：

> 就考古说：即使中国旧书等于牛屎，但是化学家对于牛屎也有研究的必要，何况他或者还不是牛屎。就致用说：牛屎也有牛屎的用处，他的用处不但是和香水相等，竟远过于香水，只要我们用的人会拿他去用。然化学家把牛屎研究明白了，倘不拿去用，便是空费力。从对面说，牛屎的用处，不经过化学家的研究，也不能就知道。这就是我们所说的要把考古和致用连成一气。

由于作者学识广博，在阐述具体问题时，常能列举丰富的例证，似乎是信手拈来，读来饶有趣味。

将这本书收入“语文教师小丛书”可以说是眼光独到，非常及时。2014 年 3 月，教育部向全国颁发了《完善中华优秀传统文化教育指导纲要》。《纲要》以弘扬爱国主义精神为核心，从爱国、处世、修身三个层次概括了中华优秀传统文化教育的主要内容，引起了各中小学对传统文化教育的重视，对广大教师的传统文化修养提出了新的要求。要适应这样的要求，当然离不开古籍的阅读；要培养阅读古书的能力，首先需要在阅读方法上下功夫。在这种背景下，像《古书今读法》这样出自学养深厚的大家的手笔，又能用生动活泼的语言深入浅出地介绍古书读法的著作，对广大语文教师的帮助就是不言而喻的了。

2016年10月写于山东大学

目　录

第一章　何谓古书

何谓古书？也许有人说："可以不必要说明，只要认识古书两字的人，都知道古书就是古代的书籍，更用不着咬文嚼字的解释。"

但是，严密的说，却又不然。不错，所谓"古"就是"古代"，但是何谓"古代"？从什么时候起，到什么时候止，算是"古代"？这个问题却不容易回答了。倘然说：凡是已经过的时间都算是古代，那么，在今日说昨日，昨日已在古代的界线以内，而一到明日，今日又变成古代了。如此说来，当我今日（民国二十年一月一日）开始在写这本书的时候，我并不承认这时是古代；但是经过排印，装订，发售，等到送在读者的眼前时，那又变成古代了。话虽如此说，但是在事实上讲，这种话一定是说不通的。

"古书"，解作"古代的书籍"，难道还不明白么？但是，在事实上说，那是古书，那不是古书？实在不容易分别。记得在民国十九年时候，教育部有一个命令，禁止书贾贩卖中国的古书出洋，因此就叫海关检查员发生困难问题，因为他们的能力认不清那是古书，那非古书。闻说后来所定的标准，是以木板印刷线订的认为是古书，其他不是古书。

但是单在保存古物的范围以内说话，这个标准是适用的；若就一般读书界说，这标准全不适用。

譬如《易经》《诗经》，不能说不是古书，《老子》《论语》也不能说不是古书。然今日书店里铅字印的洋装布面的《易经》《诗经》也许是有的，加了新式标点符号的《老子》《论语》也不是没有。这还当他是古书呢？还是当他是新书？

若以作者为标准，作者是现在生存的人，他的书就认为非古书；作者不存在了，他的书就认为是古书。这个标准对么？一点也不对。譬如郑苏龛是现在生存的人，然而他的《海藏楼诗集》只能当古书看。梁任公已经不存在了，然而他的著作却不一定是古书。所以说：这个标准一点也不对。

总之，“古”字没有确切的定义，因此，“古书”也没确切的定义。所以我在这里实在不能确切的说出“何谓古书”。然又不能不大约指定一个范围，倘然不指定一个范围，那就海阔天空，无边无际，下文怎样好说话呢?

我所假定的范围如下：

中国旧有的人情、风俗、哲学思潮、文学思潮等，完全没有受过西洋影响的，我们认为是中国古代的人情、风俗等等；凡记载或说明这种种的书籍，我们认为是古书。不管他是木刻的，石印的，线装的，洋装的，我们通认为是古书。

不过，所谓受西洋影响，是指各别的事实而言，不是就时间而言。若是就时间而言，在明代已有大批的西洋学术流传到中国了。如此，便能把明代划在古代的范围以外么？所以只能就各别的事实说，不能以时代为断。

古书是记载或说明已经过去的事，我们生在现代的人，何必要读古代的书？这是一个疑问。叫作“何以要读古书”？待我在下一章再答复这个问题。

第二章　何以要读古书

何以要读古书？这个问题，也许有人说：根本不成问题。因为学问是活的，是现代的；古书是死的，是过去的。求现代的活的学问，而去读已过去的死的书，有什么用？所以已经有人说过："中国的旧书，好像是牛屎，牛屎中决找不出香水来。"既然是牛屎中找不出香水来，我们何苦还要费了许多工夫，拨来拨去的找呢？不过，这句话根本有毛病。他说"牛屎中找不出香水来"，是真的。但必须先证明了中国的旧书确是牛屎，才可以说。今说这话的人没有充分的证据，安知中国的旧书不是牛屎。所以这句话根本有毛病。

但是，古书是死的，这句话不等到今人说，古人也已说过了。我且引老子的事为证。

孔子适周，将问礼于老子。老子曰："子所言者，其人与骨皆已朽矣，独其言在耳！且君子得其时，则驾；不得其时，则蓬累而行。"(《史记·老庄申韩列传》)

老子说："子所言者，其人与骨皆已朽矣，独其言在耳！"他的大意是说："你读古人的书，古人的本身已经死了；读死人的陈言，有什么用处？"《淮南子·道应训》篇更有一个有趣的故事，可以拿来阐明此意。他说：

桓公读书于堂，轮扁斲轮于堂下。释其椎凿而问桓公曰："君之所读者何书也？"桓公曰："圣人之书。"轮扁曰："其人焉在？"桓公曰："已死矣。"轮扁曰："是直圣人之糟粕耳！"桓公勃然变色而怒曰："寡人读书，工人安得而讥之哉？有说则可，无说则死。"轮扁曰："然，有说。臣试以臣之斲轮语之。大疾则苦而不入，大徐则甘而不固。不甘不苦，应于手，厌于心，而可以至妙者，臣不能以教臣之子，而臣之子亦不能得之于臣。是以行年七十，老而为轮。今圣人之所言者，亦以怀其宝，穷而死，独其糟粕在耳！"

他的大意是说：我们所读的书，都是古人的糟粕，正和老子的话相同。他们虽然承认圣人的话在圣人的时代，在圣人本人是宝贝；但是后人读圣人的书，是毫没有用的。就是我在前面所说的，古书是死的，我们求活的学问而去读死书，有什么用处？如此，古书可以不必读么？其实不然。我们所以要读古书的原因有二：其一是“考古”，其二是“致用”。而考古和致用又必须连成一贯，而后是真能得到要读古书的所以然。

今人考古，多注重实物，而不注重书本。我以为实物固当注意，而书本也不能完全丢掉不要。至少书本和实物并重。这个道理很容易明白。试看皓首穷经的书生，决不能做成考古学者；而发掘古城古墓的工人，也不能做成考古学者。必须二者合而为一，始能做成考古学者。故知实物和古书应当并重。

况且古书之所以不见信于人，因古书中有伪造的书，和转辗传写失去本来面目的书，混杂在中间，所以很被人轻视；然这个是另外一个问题，不是古书本身没价值，不是古书本身不必读。我们只要经过辨伪的工作，认出古书的本来面目来，那么，古书的价值，谁也不能否认了。

致用是活的学问，何以也要读古书？因为我们对于一件事，如何处置，最好是先彻底明白了这一件事的历史。

一社会，一民族，今日的情形，决不是和今日以前的事没有因果的关系；所以历史是一件重要的东西。然所谓古书，换一句话说，也可以说他就是历史，只要我们把一切的书都当历史看。所以章学诚说："六经皆史。"

"六经皆史"这一句话有人赞成，也有人反对。但我以为这是各人的看法不同，不能说谁是谁不是。因为六经在六经的时代，并非皆史；但到了现代，已经是皆史了。现在的人也不必每个人都把他当皆史看，但是当他是皆史看的价值更大。

上面说明白了因为考古要读古书，因为致用要读古书。但二者又必须连成一气，方为有用。若单讲考古而不讲致用，那就变成玩古董了；任你是古色古香，古气盎然的唐写本、宋刻本，只不过供书斋清玩罢了。若单讲致用而忽于考古，那不是觉得古书无用，就是要受古书的欺。什么叫受古书的欺？例如我们读古书，其中所说的是尧、舜、禹、汤、文、武的事，决不是和实事相符；倘然我们因古书上的话，深信古代有这样的太平成绩，就不免是受了古书的欺。

所以我们要把考古和致用连成一气。就考古说：即使中国旧书等于牛屎，但是化学家对于牛屎也有研究的必要，何况他或者还不是牛屎。就致用说：牛屎也有牛屎的用处，他的用处不但是和香水相等，竟远过于香水，只要我们用的人会拿他去用。然化学家把牛屎研究明白了，倘不拿去用，便是空费力。从对面说，牛屎的用处，不经过化学家的研究，也不能就知道。这就是我们所说的要把考古和致用连成一气。

中国旧式的儒者，分为汉儒、宋儒两派。汉儒专门解经，他们的话要字字有来历，处处有证据，很有考古的精神，和我们所谓考古很相近。但他们所考的不出于经的范围，而在文字的方面所用的工夫尤多，所以只能认他是考古中间的一小部分。

宋儒的学问，只注意身体力行，和我们所谓致用很相近。但是他们的致用不出于个人修养的范围，也只能承认他是致用中间的一小部分。

汉儒的结果变为琐碎，宋儒的结果变为空疏。这是人家所知道的。却是汉、宋儒的范围太狭，而考古和致用又不能连成一气，这个毛病，知道的人很少。现在我们读古书，就要明白了这个毛病，然后不至于再患。

第三章　古书与今日社会发生关系的实例（上）

我在前面第二章里已经说过：我们所以要读古书，是要从考古做到致用。大而一国政治制度的因革，小而一器一物的改造，都要从死的考古做到活的致用。但是这不过是一句空言，究竟有什么实例可以拿来证明呢？现在举几个实例如下：

（1）三民主义

我们孙中山先生所创的“三民主义”，其中主张恢复中国旧有的道德，如忠孝信义等，他是从古书里看出忠孝等为中国民族独有的美德，而有保存的必要，他就采取此说做他的主义之一部分。在今日虽然没有做到恢复的地步，但已走上恢复之途了，至少已向着这条路预备出发了，这就是由考古做到致用的一个实例。和关起门来注解《孝经》或背诵“为人谋而不忠乎”，专做考古功夫者不同。也和凭空要照西洋社会的组织来根本改造中国社会，专做致用功夫者不同。这是第一个实例。

（2）五权宪法

“五权宪法”也是我们孙中山先生所自创的，但其中五分之二就是考试权与弹劾权，也是从读古书得来的。这也是从考古做到致用的一个实例。他既不是像考古家只知珍藏《宋元科举三录》，也不像专讲致用者只知摹仿博士论文的办法。他既不像考古家只知道景仰杨椒山，也不像专讲致用者只知运用选举票而不知其他。这是第二个实例。

（3）国音符号

国音符号，又称为注音字母，他是学西洋拼音字的方法所造成的一种中国音符。但是所有的字母，ㄅㄆㄇㄈ都是从《说文》中研究出来的。所有的音，也是从原有的音韵里研究出来的。虽然今日也有人主张把汉字完全废掉不用，只用罗马字来拼音，然两相比较起来，总觉得是国音符号的势力大。今人研究“甲文”，研究“金文”，单在考古的方面说，不是没有很好的成绩，但是他只是考古，说不到致用。因为他和现代的社会还没有发生关系。主张用罗马字拼音的，又只就致用一方面着手，而完全没有顾到历史或习惯的关系。所以只有国音符号可以说是从考古做到致用。这是第三个实例。

（4）简字

简字，就是通俗社会上所流行的一种简字。例如“處”作“处”，“寶”作“宝”，“從”作“从”，“樸”作“朴”之类，都是。这些字在今日虽然流行于通俗社会，一般读书先生们或不认为是正式的字，但其中大多数是古字。如“处”“从”“朴”三字都是古字。这一类的简字，有的是见于《说文》或《广韵》，有的是见于宋、元人的小说。近来研究这种简字的人很多，零碎的论文登在报纸及杂志上的，常常可以看见，成为专书的，也有刘复的《宋元简字谱》，就是我也草草的写过一本《简易字说》。我们之目的是要把有长久历史的简字，拿来在今日社会上运用，也可大胆的说，是要从考古做到致用。这是第四个实例。

我们看了这四个实例，就可知道考古与致用是可以连成一气的，并可以知道是应该怎样的把他们连成一气。

第四章　古书与今日社会发生关系的实例（下）

前一章所举的四个例，已经是从考古做到致用了。虽然还没有充分的成绩，但已经成为一种规划了。此外再有零零碎碎的事没有成为一种具体的规划的，还有许多。这些零碎的材料，也是很有用的。他虽没有成为一种具体的规划，但是已经使古书和现代社会发生了关系。所以我们也把他放在这里讲。像下面的几个例就是了。

（1）粪土之墙

我在小时候读《论语》，就读到一条云："宰予昼寝，子曰：'朽木不可雕也，粪土之墙，不可杇也。'"先生解释给我听道："宰予，孔子弟子。名叫宰予。昼，就是白天。昼寝，就是白天睡觉，孔夫子见他白天睡觉，知道他懒惰得可以了，便责他：如朽烂了的木头，是不可以雕琢成器的；又如粪土筑的墙，而不可以粉刷。这是孔夫子对于宰予深恶痛绝的话。”我当时听了这位老先生的讲解，别的都还明了，只有一个“粪”字全不明了。以为用土筑墙是有的，用粪筑墙是没有的。但是，那时候私塾里的学规很严，先生没有讲过的话，学生虽然怀疑，却绝对不许质问。所以我当时虽有这样的一个疑团，却是恐怕惹起打手心的问题，也只好是默默的不开口。自己私下里去翻翻朱夫子的注解，对于“粪”字也是一字不提。大约是不出三个原因：其一，此字是人人所能认的，不必再加注解。其二，此字不雅观，不屑注解。其三，是实在不知道如何注解才好，只得含糊过去了。但是朱夫子既然也没有解释明白，那么我们也只好存而不论了。

后来过了几十年，偶然读近人的笔记，读到一条，说是北方乡间，以马粪作燃料，甚至于把牛马粪涂在壁上。因此我想到把牛马粪涂在壁上，或者和孔夫子所说的“粪土之墙”不无关系。假定这话是不错的，那么“粪土之墙”的“粪”字是指牛马粪。这“粪”字就有确解了。或者这点也是一种社会史料。

说到以牛马粪为燃料，或涂在壁上，我们初看起来，好像是很奇怪的事。其实，仔细一想，也不奇怪。因牛马所吃的不过是草，牛马粪只不过是草经过牛马的胃而发生化学作用，和天然腐化的草相去无几。利用他来做燃料，或是和土筑墙，是适用的。在古代，这样的事想是很普遍的，所以有“粪土之墙”的话。

（2）易曰乾坤定矣

我们在乡间时，常常看见娶新娘子的人家，门上或柱上贴着红纸对联。那对联上的文道：“《易》曰乾坤定矣；《诗》云钟鼓乐之。”这种通俗的新婚对联，我们见惯了，也不觉得有什么可注意处。

我从前又听见人家说起一个笑话：“有夫妇二人相争。妇道：‘雌雄，牝牡，阴阳，都是女在前，而男在后。为什么女要听男的管束呢？’他的丈夫道：‘雌雄，牝牡，阴阳，这些都不足为凭。你不知道圣人所作的《易经》么？《易经》上的乾坤，却是乾在前而坤在后。’丈夫这样一说，他的妻无话可答。一场口舌官司，便算是打输了。”这个笑话，在当时听见，也以为不过是一个笑论罢了。却想不到他和古代的社会史有极大的关系。

后来读《礼运》，读到中间有一句云：“我欲观殷道，是故之宋，而不足征也，吾得坤乾焉。”这两句中间所说的“我”“吾”，都是孔子自称。据这句话，可见孔子在宋所看见的《易》，是坤在前，而乾在后。本来《易》有多种，我们现在所读的乃是《周易》，在古代本是坤乾，到周代才改作乾坤。

因此我就记起那“乾坤定矣”的话来了。这话是周人说的。他既然说“乾坤定矣”，可见在他以前是乾坤没有定。认乾在前，坤在后，是已定；那么，未定的当然是坤在前，乾在后。我们再以雌雄，牝牡，阴阳为旁证，则在周以前乾坤是作坤乾，更无疑义了。因此又想到那个夫妇相争的笑话。可惜那个女子没有知道《礼运》上有所谓“坤乾”，甘心在他的丈夫面前屈伏了。

本来中国古代的社会是以女性为主，人生只知有母而不知有父，故姓名的“姓”字是从女，这话凡是研究中国古代社会的人无不知道。今《礼运》上的“坤乾”，和新婚联语上的“乾坤定矣”的话，更可以帮助他们做一个证据。

至于那新婚联上的“《诗》云钟鼓乐之”一句，也和婚姻制度有关系。“钟鼓乐之”是取《诗经·关雎》篇上的话，是表明正式迎娶的意思，也就是一切的繁文缛礼。可见古代结婚的仪式很简单，到周以后才有许多繁文缛礼，不过在他们却以为这才是正式的结婚，不如此，便不是正式的结婚。

（3）倒屣

在中国的旧书里，常常看见“倒屣”二字。“倒屣”二字本有两种解释如下：

第一个解释，是退行。《西京杂记》述匡衡事云：“邑有言诗者，衡从之与语质疑，邑人挫服，倒屣而去。衡追之曰：‘先生留听，更理前论。’邑人曰：‘穷矣。’遂去，不顾。”这里“倒屣”二字，一般读者都解作“退行”。

第二个解释，是急于迎宾。《三国志·王粲传》云：“蔡邕才学显著，贵重朝廷。常宾客盈坐，粲在门，倒屣迎之。曰：‘此王公孙有异才，吾不如也。’”这里“倒屣”二字，是“匆促之间倒穿鞋子”的意思。

第一个解释和我们现在所说的话无关，暂且不提。从第二个解释，却可看得出中国古代人的笨拙和懒惰。为什么呢？因为中国古代人恰如现在的日本人一般，进门时是要把鞋子脱在门外的。这是人人所知道的，不必多说。且说从“倒屣”二字可以看得出中国古代人的笨拙和懒惰。这话怎样说呢？因为他进去时，是面向里，脱下鞋来，所以是鞋头向里；等他出来时，面向外，匆促之间去穿鞋，自然是要倒穿了。倘然进去时转一个身，将面向外，然后脱下鞋来，那自然是鞋头向外；出来时，任便怎样匆促，总不至于倒穿鞋子的。可是他们想不到这一点，岂不是笨拙？或者是进去时懒得转一个身，岂不是懒惰么？所以这“倒屣”二字，轻描淡写的，把中国古代人的笨拙和懒惰的性情活活的画出来了。

（4）中国古代人不会骑马的问题

在清代的“汉学家”们曾打过一次笔墨官司。有人根据六经去断定古代的社会情形，譬如六经上没有这一个字，就可以断定古代没有这件东西。于是驳他的人说：“譬如六经上没有骑字，难道是古人不骑马么？”这是他们的笔墨官司大概的情形。

我以为根据六经来断定古代的社会情形，固然是不可靠的；但是中国古代人不会骑马，却是事实。我说这话，并不是根据于六经，只是根据于实在的事情。第一，马的原产地是在沙漠地方，不是在中国。汉代、唐代、清代都是外国或藩属贡献良马到中国来。这种记载在历史上是很多的。便至今日，中国本部还是不产好马。可见马本不是中国产了。马从外国传到中国，虽然是时代很早，很早，却是古代的中国人是不会骑马，只拿他来拖车子。第二，中国古代的衣服，很不便于骑马；所以赵武灵王胡服骑射，他要学胡人骑马，射箭，必须先改着了胡服而后可。说不定中国人骑马的习惯就是从赵武灵王起。所以古代是没有骑马的习惯。（马虽是有的，但只用他驾车。）所以六经上没有骑字。

（5）出棺材的文化

中国一切的人情，风俗，都是极复杂的，而不是简单的。每一个时代，遇着有外来的东西，无不尽力的收吸，却是原有的又不肯放弃，只是把新来的加入原有的中间。最好的固然也能把新旧融化了而另辟出一个新境界，然也有时候弄得自相矛盾而不顾。就我们一身说罢，头上戴铜盆帽，脚上着皮鞋，然身上无妨穿长袍、马褂。这就是一个例。然而最能充分表现这种特性的事，莫如“出棺材”。

诸君试看出棺材的仪式，多少复杂！棺材后面跟着的孝子，头上戴了麻布头巾，手里拿了青竹杖，这是中国儒家讲丧礼的正当的仪式。但是棺材前面的和尚，手里拿着纸幡，上面写着“西方接引”等字，这又是佛教的仪式了。而棺材上面装一条纸制的或布制的龙，却又是道教的仪式。这一条龙乃是根据于《史记·封禅书》上“黄帝乘苍龙上天”的话而来的。除了棺材上装一条龙不算而外，再有穿红礼袍的道士在前面走。这些都是很重的道教色彩。然而棺材前面又有军乐队，这又是西洋的仪式了。这种情形多少复杂！若说他没有冲突么？实在是有绝大的冲突。譬如前面和尚所拿的纸幡，上面所写“西方接引”的话，是佛教“净土宗”的话。既然是信净土的话，就绝对不能哭。现在呢？跟在后面的孝子和送丧者，越是哭得伤心，越算有良心。如此，岂不是前后冲突么？

出棺材不过是一个例，其他像这样的事正不知多少。例如中国菜各人一盘分食，用钢笔写中国字，中国字横行写：凡此种种，都是我们常常看见的事。我们从这种地方去细细的观察，就可以知道中国文化之所以为中国文化了。

（6）靴鞋

鞋类在古代叫“履”、叫“屣”、叫“屐”，没有“鞋”字，也没有“靴”字。“鞋”字和“靴”字出现都很迟。有人说：现在普通的鞋，乃是南北朝时由鲜卑传到中国的。“鞋”也就是鲜卑语的译音。不过说这话的人没有说出证据，我也不能代他寻出充分的证据来。这里只不过随便说说罢了。鞋的问题，我们暂且抛开不论，如今再说“靴”。“靴”字又作“鞾”，那是一样的。韩愈有《华革传》，就是将“鞾”字拆成“华”“革”二字，传的中间，有几句道：“初，华本自胡而来，赵武灵王时见重，是后子孙盛于中国。”按，韩愈所说的“自胡而来”，是可信的。至于说赵武灵王时见重，则未免太早了。大约此字发现总在南北朝以后。又有人说：中国的“靴”字和英文的 shoe 字音义都是一样，很疑心两字是出于一源。这话究竟对不对，我也不敢武断。但认为可以成为一个问题。倘然考定了中国的“靴”本是外来的物，那么，这个问题更有成立的可能。

（7）二阶三阶

我在上海北四川路一带，常常看见日本人贴的召租房屋的招贴，写着“二阶借贷”“三阶借贷”。我虽然不懂日本文，但是看了这种招贴，也很能明白他的意思。所谓“二阶”就是二层楼，所谓“三阶”就是三层楼。其实这个“阶”字就是相当于“梯”字。中国古代（尤其是北方）的房子是没有楼的。《尔雅》上虽有“楼”字，但和现在的解释不同。古代的房子虽也有一座比一座高的，但是前后渐进的，不是数层重叠的，如今在寺庙里或家祠还有这种制度。由比较低的一所升到比较高的一所，就要经过石头阶级。阶的作用，就等于现在登楼的“梯”。古代没有楼，所以也没有“梯”，就说有的，也只在南方有，北方是没有的。今日本人不称二层楼、三层楼，而称“二阶”“三阶”，还保存着中国古代的遗风。

（8）菊花的原产地及其变种

自从中央政府选定了梅花为国花，各处的特别市也都选定了市花。如南京以兰为市花，广州以红棉为市花，云南以茶花为市花，上海以棉为市花都是。而长沙和北平同以菊为市花。倘然就历史的关系上说，只有长沙应该用菊为市花，而北平不应该用。因为菊花的原产地是湖南。为什么说菊花的原产地是湖南呢？其一，“菊”字不见于《诗经》，只见于《楚辞》，这是菊花为湖南产物，而在周、秦时北方是没有的。其二，今湖南浏阳一带地方所产菊花石甚多，这种菊花石就是太古时代的菊花，遭着地面的变迁，因而化成石，这是今人所容易知道的。因此，我们可以晓得在太古时代湖南地方的菊花是很盛的。有这两个证据，所以可断定菊花是湖南的产物。

也有人说：“《礼记·月令》里也说起菊花。说道：‘菊有黄花。’可见菊花不一定是湖南的产物。”我答道：或者陕西也有，但不及湖南为盛。又，据王勉三先生替我解释道：《月令》是根据于《吕氏春秋》的话，而吕不韦的门客，各国的人都有，说不定这里所说的菊花，还是湖南的菊花。也可成一说。

至于说到菊花的种类，到现在真是多极了。有白色，有各种的红色，各种的黄色。有球状，有带状，有针状，有须状，有荷花瓣状。总计不下百种。然我以为他的原始的种类只有一种，就是黄色，球状。以外都是变种。就是《月令》所说的“菊有黄花”四个字，可以包括一切的菊花了。为什么说只有黄色呢？除了《月令》“菊有黄花”而外，试看古人的诗词里都拿“黄花”二字代替菊花。如最著名的李清照的“人比黄花瘦”一句，就是一个例。是可知在较古的时候，只有黄色，或以黄色为多，其他各色不轻易看见。为什么说只有球状呢？因为“球”字在古代是没有的，只作“鞠”字。“鞠”字从“匊”，“菊”字也从“匊”，可见菊花是由形如鞠而得名。而鞠就是今日的球，可知菊花换一句话说，就是“球花”。既因球而得名，岂不是只有球状一种么？因此我就假定，菊花的原始种类，只有黄色，球状的一种，其他各色各状都是变种。这个假定虽不敢说是十分准确，但至少有相当的理由，而可以供我们的研究。

（9）古代发现的X光镜

我前几年曾听见人家说：秦始皇宫中的宝镜，能够照见人的肝胆，这就是今日西洋人新发明的X光镜。我以为这话太附会了，太武断了。然今日仔细想想，也很有可疑的地方。因为中国人不是没有发明的能力，但是一件事偶然发明了，却是只知其当然，而不知其所以然，只知如此而止，而不再求进步。例如以豆子制豆腐，不能说不是化学上的一种发明，但是制豆腐的人绝对不明白所以然的道理，而自发明以至今日，不知经过多少长久的时候，而止是如此，没有进步。以此例彼，可见秦宫中的宝镜，已合于极粗浅的X光的原理，也未可知。

而且这种奇怪的镜子，不但在秦宫中有的，在唐人的小说中，也屡次说起。

唐人皇甫氏的《原化记》云：

> 苏州太湖入松江口，唐贞元中，渔人载小网，数船，共十余人，下网取鱼，一无所获。网中得物，乃是镜而不甚大。渔者忿其无鱼，弃镜于水。移船下网，又得此镜。渔人异之。遂取其镜视之，才七八寸，照形悉见其筋骨脏腑，溃然可恶。其人闷绝而倒。众人大惊。其取镜鉴形者，即时皆倒，呕吐狼藉。其余一人不敢取照，即以镜投之水中。……其人先有疾者，自此皆愈。……

又李濬《松窗杂录》云：

唐李德裕，长庆中，廉问浙右。会有渔人于秦淮垂机，网下深处，忽觉力重，异于常时；及敛就水次，卒不获一鳞，但得古铜镜，可尺余，光浮于波际。渔人取视之，历历尽见五脏六腑，血萦脉动，竦骇气魄，因腕战而堕。渔人偶话于旁舍，遂闻之于德裕。周岁万计，穷索于水底，终不复得。

照这两段记载看起来，这样的奇怪的镜子，在唐代曾经两次发现。虽说是小说中的话，不可信以为真，然至少有几分是事实。不然，作小说的人也不会凭空的想出这样的事来。这种奇怪的镜子，虽不能和现在的X光镜一样的精，但是至少有几分相同。这件事也很可以供我们研究。

（10）纸鸢

“纸鸢”，就是“风筝”。他的来历是很早的。据说：汉高帝征匈奴，陈平放纸鸢传递消息。这可见他的作用是战争时拿他传递秘密消息用的。到现在已变成一种游戏的器具了。

我读《墨子》，见《鲁问》篇说：“公输子削竹木以为䧿（又作鹊），成而飞之，三日不下。”而《韩非子》又说：“墨子为木鸢。”一个说是公输子的事，一个说是墨子的事，一个说是䧿，一个说是鸢，到底是二事？是一事？已不可知。就说是两件事，也不无相当的关系。我很疑心公输子削竹木为䧿，或墨子为木鸢，就是后来纸鸢的来历。其一，所谓削竹木，是以竹木为骨干，外糊以纸，（那时无纸，或是糊以布类。）古代文字简单，故只称削竹木，而不详细说明更糊以布。必须如此，才能飞；如单用竹木削成䧿或鸢，用机械使他飞，在当时未必能办得到。因此，疑心当时候的䧿或鸢，就是后世的纸鸢。其二，后世“纸鸢”二字的名称，也不是凭空来的。大概是因为《韩非子》书上说是“鸢”，所以就因袭这个名称叫作“纸鸢”了。否则他的形式很多，何以一例称为“纸鸢”？至于“风筝”这个名称，乃是后来产生的。因为用铜环加于线上，使他遇着风便发出声音来，好如弹筝一样，所以称为“风筝”。

（11）从鱼腹中得到书信的问题

汉代人的诗云：“客从远方来，遗我双鲤鱼。呼童烹鲤鱼，中有尺素书。”这四句诗，已成了中国写信者常用的典故，几乎无人不知道的。究竟书信何以能够放在鱼腹中？这是不可能的事。因此对于这四句诗的解释，就有种种不同的说法。第一说，鱼性沉潜，说鱼腹中书，是喻书信是秘密的意思。第二说，函面以鱼形为饰，等于现在的信封上面画作鱼形。在十六七年前，我觉得这两种说法都不妥当。又另立一说道：上文既言客从远方来，他所带来的鱼一定不是鲜鱼，而是干鱼；这种干鱼就是寄信人所附带的礼物，而他的信就放在干鱼的腹中，因为干鱼肚里是空的，当然可以放得下一封信。这种说法，在事实上是说得通的。

不过，我又在葛洪的《神仙传》里看见一个神话，觉得他和那一首古诗不是没有关系，或者那首古诗就是用这个神话做典故。若照时代说，自然是那首古诗在前，葛洪的《神仙传》在后；但也可说《神仙传》是根据古代的传说而叙述的，所以这个传说仍有产生在那首古诗以前的可能性。我们现在且看《神仙传》里的话罢。

《神仙传》记葛玄事云：

> 玄见卖鱼者在水边，玄谓鱼主曰："欲烦此鱼至河伯处，可乎？"渔人曰："鱼已死矣，何能为？"玄曰："无苦也。"乃以鱼与玄。玄以丹书纸，纳鱼腹，掷鱼水中。俄顷鱼还，吐墨书，青色，如大叶，而飞去。

《神仙传》的话是这样。倘然他的话是根据古代的传说，那么，古诗一定是用他做典故了。后来过了几时，又读《史记》，见《陈涉世家》说起一件事，和这个问题很有关系。《陈涉世家》上文叙陈涉、吴广欲谋起事，先去问卜，下文接着说道：

> 卜者知其指意曰："足下事皆成，有功，然足下卜之鬼乎？"陈胜（按陈胜即陈涉）、吴广喜，念鬼，曰："此教我先威众耳？"乃丹书帛曰："陈胜王"，置人所罾鱼腹中。卒买鱼亨（按亨同烹）食，得鱼腹中书，固以怪之矣。……

今按这虽是陈涉假造的神怪故事，用以欺人，但是在当时的人都认为是真的神怪故事。或本先有这种神怪故事，故陈涉得以仿造。总之，在秦末汉初，鱼腹中得书的神话，是流传得很普遍了。那首古诗就是用这种神话做典故。而和葛洪的《神仙传》有没有关系，更不必追究了。

如此，"呼童烹鲤鱼，中有尺素书"，才得到一个确切的注解。

在把本文写完之后，又见《说苑》记吕望的事道：

> 吕望年七十，钓于渭渚，……初下得鲋，次得鲤，刺鱼腹得书，书文曰："吕望封于齐。"

据此，则这个神话，似乎产生得很早，但是真的吕望的故事么？或是后人假托吕望的大名么？那就不得而知。所以认为是秦末汉初时的传说，比较的更确。现在我们拿他来作古诗的注解，也是读了现在流行的神话传说而联想到的。

第五章　古书如何读法

我们在前面第二章里，已说明白了何以要读古书。在第三、第四章里，又已举出实事证明了古书和今日社会有这样的关系。我们在这一章里提出的问题，就是古书如何读法。这个问题是很不容易回答。

倘使我告诉人家说："古人诗云：'旧书不厌百回读。'你们读古书，只管熟读就是了，没有所谓读法。"这句话对么？我想一定是不对的。

倘使我告诉人家说："从前诸葛亮读书，只略观大意。你们读古书，只要看一点大意罢了，正可不必'之乎者也'的去读。"这句话对么？恐怕不大对罢。

倘使我告诉人家说："从前陶渊明读书，是不求甚解。你们读古书，只要学他不求甚解，何必咬文嚼字的去读。"这句话对么？恐怕不大对罢。

倘使我告诉人家说："古人有言：'一物不知，儒者之耻。'你们读古书，不可把书中的字轻易放过，必须把一事一物晓得明白。"然而又有人说："我虽不认一个字，也可堂堂地做个人。"这两人的话到底谁是，谁不是？

倘使我告诉人家说："孔子云：'述而不作，信而好古。'你们读古书要信书中的话。"然而孟子又说："尽信书，不如无书。"是孔子信古而孟子又疑古，他们的话到底谁是，谁不是？

然则"古书如何读法"这句话真不容易答复了。虽然不容易答复，而却又不能不答复。现在我的答复如下：

各书各读法，各人各读法。

我们知道各书各读法，各人各读法，然后再去读古书：有时候不厌百回读，有时候一看就丢了，有时候略观大意，有时候又细细的读，有时候不求甚解，有时候又必要解释得明明白白，有时候要免掉一物不知之诮，有时候亦可以不识字，有时候要信古，有时候要疑古。总之，是没有固定的方法，是随书而异，随人而异。

何谓各书各读法？我们拿了一本书到手，先要知道这本书是什么性质。倘然不管是什么书，只拿一样的读法去读，那是没有不错读的。可举几个例证明如下：

《楚辞》中的《天问》，原是屈原呼天自诉，以发抒其愤懑的话；王逸注所谓“呵而问之，以渫愤懑，舒泻愁思”，是说得很明白的。却是戴震的《屈原赋注》，于《天问》一篇，处处用天文学来注解，满纸是“赤道”、“冬至”、“夏至”、“北极”、“南极”、多少度多少度一类的话。《天问》本是文学作品，戴震把他当天文书看，这真是戴了“汉学家”眼镜去读一切的书，是大错而特错了。

《离骚》中的“夕餐秋菊之落英”一句，本是诗人随意说的一句话，他并不曾真的去吃菊花。他自己还不曾知道菊花是落不落。却是有人说：“菊是不落的，是在枝上枯死的。《离骚》的‘落英’二字是不通的。”于是又有人说，“落字作‘始’字解”，引《尔雅》为证，说“落英”就是初开的花。其实，争论菊花落不落，是研究植物学的话，把“落”字作“始”字解，是汉儒解经的话；都不是读文学作品所应该如此的。读文学作品的人，只要领略到餐菊的佳趣，不管菊花落也好，不落也好，落英是初开的花也好，是残菊也好。一定要把菊花认清楚，于文学的本身绝不发生关系。

唐人聂夷中的《田家诗》云：“二月卖新丝，五月粜新谷。医得眼前疮，剜却心头肉。”这本是一首很好的诗。但是宋人《学斋占毕》驳他：二月里决没有新丝可卖。引经据典，说了许多关于历法的话，以证明“二”字是“四”

字的错误。其实，言之过甚，在文学作品中是常有的事。况且所谓“二月卖新丝，五月粜新谷”，也可说指预约而言。正是描写田家剜肉补疮的痛苦。若一定要证明是事实，那也是把文学作品误认为《农政全书》了。

苏东坡的《赤壁赋》，是人人所知道的。他中间说到曹操和周瑜大战的事。其实，火烧赤壁，又是一个赤壁，在今湖北嘉鱼县；苏东坡所游的赤壁，又是一个赤壁，在今湖北黄冈县。两地各不相涉。但在文学里不妨是如此说的。倘信了苏东坡的话，把两地认为一地，在事实上是错误的，不信苏东坡的话，而责苏东坡错了，也是不懂文学的话。须知《赤壁赋》是文学作品，不是“地理志”。

唐人的“姑苏城外寒山寺，夜半钟声到客船”，本是好诗，却是有人说：“夜半不是打钟的时候。”苏东坡“竹外桃花三两枝，春江水暖鸭先知”，本是好诗，却有人说：“春江水暖，难道只有鸭先知，鹅岂不知耶？”这些都是一样的成了笑话。又唐人的诗，“绿树连村暗，黄花入麦稀”，他这“黄花”二字，是指普通的野花，或指菜花，但是段玉裁误认为“黄花”是指麦花，引经据典的证明他的话不错，却不曾知道既是麦花，又何以云“入麦稀”。杜诗“圆荷浮小叶，细麦落轻花”，段玉裁说是倒装句法，应该作是“麦落轻花细，荷浮小叶圆”，才顺。他的意思是说荷无所谓圆不圆，必说荷叶才可云圆。故“荷圆”二字不通，应作“荷浮小叶圆”，其实在文学上说，一个“荷”字，就是指荷叶。因荷叶很大，可以代表全体，故“荷”即等于荷叶，“荷圆”并非不通。段玉裁的文字学不可说不好，校书的工夫不可说不精。但是不管什么书，都是一样的去读，却不料文学作品是不应该这样读的。段玉裁尚且如此，何况他人！

以上都是文学作品而被他人拿读“非文学书”的读法去读，因而读错了的。再有本非文学书，而被人拿读文学的读法去读，因此真的错误反而看不出。例如《史记·儒林传》有一段云：“自孔子卒后，七十子之徒散游诸侯，大者为师傅、卿相，小者友教士大夫，或隐居而不见，故子路居卫，子张居陈，澹台子羽居楚，子夏居西河，子贡终于齐。”这一段话文字固然是很整齐，但是在事实说，子路实在是死在孔子之前。今云：“孔子卒后，……子路居卫”云云，只顾行文利便，毫不管事实不符。原来《史记》本是一部历史，历史的价值是在事实真确，而不在文章做得好。今《史记》如此说，已失去了史的价值。不过读的人多数还是拿读文学书的读法去读，所以真的错处看不出。

又《史记·老庄申韩传》，叙韩非云：“作《孤愤》《五蠹》《内外储》《说林》《说难》十余万言，……人或传其书至秦，秦皇见《孤愤》《五蠹》之书。”而于《自序》又云：“韩非囚秦，《说难》《孤愤》。”到底是先著《说难》《孤愤》而后被囚于秦呢？还是先被囚于秦而后著《说难》《孤愤》呢？这种自相矛盾的话，两处必有一处是错的。大约司马迁在《自序》上贪图将韩非囚秦和左丘失明，屈原放逐等并列，忘记了有自相矛盾的毛病。而一般的读者也是拿读文学书的读法去读，就把这个绝大的漏洞轻轻的忽略过了。

又如锺嵘《诗品》云：“降及建安，曹公父子，笃好斯文；平原兄弟，郁为文栋；刘桢、王粲，为其羽翼。次有攀龙托凤，自致于属车者，盖将百计。彬彬之盛，大备于时矣。尔后迟陵衰微，迄于有晋，太康中，三张二陆，两潘一左，勃而复兴，踵武前王，风流未沫，亦文章之中兴也。”这一般话也有一个绝大的毛病。就是中间“平原兄弟”一句。平原兄弟，到底是指何人？一般的人都说是指陆机、陆云（陆机为平原相）。然也有人说，指曹植、曹丕（曹植封平原侯）。究竟是指何人？很有疑问。如以为是指陆氏兄弟，则有两点说不通。其一，是上文直接“曹公父子”，下文又云“刘桢、王粲”，陆氏兄弟不应夹在中间。其二，“迄于有晋”以下，又有“二陆”云云，岂非重复？如说是指曹植、曹丕，比较的好；但是上文云："曹公父子"，是这一句已包括植、丕在内，下文"平原兄弟"也是赘文。总之，锺嵘的意思是指曹植、曹丕，他因为要做对偶的文章，不觉患了重复的毛病。至于平原二字，界限不清，可以误会到陆氏兄弟，更非锺嵘所能料及。《诗品》是文学批评性质的书，和文学作品绝对不同；却是作者误作，读者误读，这样绝大的毛病，绝少人注意。根本的缺点，是不知各书各读法的缘故。倘然我们知道各书各读法，那么，根本不会有这样的误读之处了。

前面已经说过了，各书各读法；这里再说各人各读法。所谓各人各读法，就是对于同一部书而各人的读法不同。譬如《诗经》罢，《诗经》只是《诗经》，他的本身是不改变的，但是读《诗经》的人不只一种，那么读法也不能一样。《诗经》的本身虽然是诗歌，但是研究社会学的人也要读，研究政治学的人也要读，研究文学的人也要读，研究植物学的人也要拿他供参考。如《周南》中的《汉广》第一章云：

> 南有乔木，不可休息。汉有游女，不可求思。汉之广矣，不可泳思。江之永矣，不可方思。

在研究文学的人读起来，是赏鉴他情感的温柔及艺术的优美，旁的事情都不管了。

在研究文法的人读起来，就要注意于“不可求思”的“思”字是一个助词。

在研究语言学的人读起来，就当注意于“不可方思”的“方”字。“方”是舟属，在《庄子》中称为“方舟”，云“方舟而济于河”。到后世就并两字而为一字，作“舫”。我们可以知道“方”“方舟”“舫”就是一物。而“方”字见于《周南》，“方舟”见于《庄子》，可知他是南方的语言。

在研究社会学的人读起来，就当注意于这篇诗是男女恋爱的诗，而和古代的婚姻问题有很大的关系。

在研究政治学的人看起来，就当从这篇诗去考察周初的礼教，和南方风俗的关系是怎样。

这不过是一个大概的情形，此外如研究植物学的人，对于“乔木”的“乔”字，也有可以供参考的地方。研究地理学的人，对于“汉”字“江”字，都有可以供参考的时候。这样说，这首诗所包涵的方面就很多了。但是各人都要读，而各人是各人的读法。

这一篇诗是如此，三百篇诗都是如此；一部《诗经》是如此，一切的书都是如此。

研究一种专门学的人，往往有许多的好材料是在毫不相干的书里寻出来。尤其是中国的旧学，我们要找材料，不能指定往某个地方去找，有时却于无意中于毫无关系的书中找到。

例如研究中国经济制度史的人，他要研究当铺的起源和组织，决不会往李太白的诗里去找材料。但是李太白的诗集里确有这种材料。李太白的诗云："五花马，千金裘，呼儿将出换美酒，与尔同销万古愁。"这四句诗，我们平常读了，只当他是要喝酒，没有钱买，就把袍子脱下来去换酒喝，或是把袍子卖了，然后去买酒。却不知实在的情形不是如此。另外在唐人小说里有一段话，大概说：那时候的风气，酒店遇了客人喝了酒没有钱的，可以用衣服抵押;但有了钱时，仍旧可以赎回去。这种抵押也称为"换"。可见李太白诗中所说的"换"，也就是"当袍子"。我们把李太白的诗和唐人的小说合看起来，可知唐代的酒店也带做当铺生意的，至少和当铺是有关系的。假使在那时候完备的当铺还是没有（有没有当另考），这一类的酒店就可说是当铺的起源了。

又李太白的诗云："鸬鹚杓，鹦鹉杯，百年三万六千日，一日须倾三百杯。"按，"鸬鹚杓，鹦鹉杯"，旧注是说"刻杓为鸬鹚形，镂杯为鹦鹉形"。这是所谓"望文生义"的话。说这话的人未必是看见过鸬鹚杓和鹦鹉杯。我们今天也看不见鸬鹚杓和鹦鹉杯，却不知这种鸬鹚杓鹦鹉杯在日本还是有的（有实物为证）。日本在欧化以前，一切的文化都是隋唐时由中国传过去的，这种鸬鹚杓鹦鹉杯，大概还是唐人的旧制（不过今日日本已不一定拿来做酒器，有的是做墨水壶）。

照此看来，李太白这一诗所关系的方面也很多。研究中国工艺的人不得不和他发生关系，研究中日文化问题的人不得不和他发生关系。从李太白的诗说到日本的文化，已经是说得太远了；但是事实还不止如此简单。所谓鸬鹚杓鹦鹉杯，是把酒杯做成鸟形；因此，我们又连带要说到西突厥的"鸡樽"了。据日本人的《世界美术全集》第八卷四十五面所载的西突厥的"鸡樽"，是把酒樽造成鸡形，完全和鸡一样，酒从鸡口中流出，因此知鸬鹚杓鹦鹉杯是"鸡樽"的变形，而后世的有嘴壶也是"鸡樽"的变化（古代的壶是无嘴的，辨详下文）。这种樽乃是西突厥制。是又从中国的文化说到突厥的文化去了。越说越远了，但是决不是没有关系的瞎说。

何以说中国古代的壶是没嘴呢？有三个的确的证据，谁也不能否认。（1）壶字是象形，士字是壶盖，以下是壶身。请问嘴在哪里？（2）《诗经》"七月断壶"，此壶字是指葫芦，可知古代的壶就是葫芦。（3）今日本人的酒壶还是没有嘴，中国人多误认作花瓶，其实还是中国古壶的遗制。

我们因此又说到文字学上去了。“七月断壶”的“壶”字，今人多误认为假借；其实不是假借，古代本以葫芦制成壶，所以壶就是葫，葫就是壶，壶字并非假借。

至于中国有嘴的壶就是西突厥“鸡樽”的变形，分明可考。今壶嘴就是鸡口的变相，今壶柄就是鸡尾的变相。这是很可信的。

鸬鹚杓不过是一个例，照此类推，许多的事都是如此。譬如我们读了《史记》的《陈涉世家》，“又间令吴广之次（原衍一“之”字）所旁丛祠中，夜篝火，狐鸣呼曰：‘大楚兴，陈胜王。’”这一段话，倘使我们是研究中国小说的人，大可以供给我们研究狐狸精故事的资料。

我们读了苏舜卿的《沧浪亭记》：“访诸旧老云：‘钱氏有国，近戚孙承祐之池馆也。坳隆胜势，遗意尚存。予爱而裴徊，遂以钱四万得之。’”这一段话，我们倘使是研究社会问题的人，就可以知道在宋初苏州地方的地价是如此。所谓四万，是四十千，照现在国币计算，不到二十元；我们再看今日苏州沧浪亭全部的地，要值多少钱；两相比较，而推得地价增高之故。那么，苏舜卿的一段文章，不能说不是很好的材料。其实，他的本身还是文学。

上面说了许多举例，现在我们再归结到本题上来。就是各书各读法。各书的性质不同，但是无论何人都有细读或参考的必要，只须照着我们自己的需要去读，而不可为固定的读法所束缚就是了。

第六章　三个字的口号

我们无论做什么事，都不得不先定一个目的，读古书也是如此。读古书之目的，也可以说是读古书之标准。至于做得到，做不到，乃另是一个问题，但我们终要照这个标准做去。

读书的标准，在胡适之先生已经有过两句口号，说道：

读书要如金字塔；要能广大，要能高。

他用金字塔比读书。读书要读得多，譬如金字塔的塔基那样博大；读书又要读到精深的地步，譬如金字塔顶那样高。这两句口号是很好的。

现在我们再根据他的话，把他扩充一下，用三个字来做读古书的口号，叫作“精”“博”“通”。

“精”就是所谓“要能高”；“博”就是所谓“要能广大”。再加上一个“通”字。“通”字涵有二义：其一，能够贯通，而不为见闻所限，不为门户所拘。其二，能够通达，就是读死书而能活用。

这三个字的口号，似乎比较的完备而且简单。所以我就定了这三个字做读古书之目的。古今读书的人，有只能做到一个字，或两个字的，很难把三个字都做到。我们何敢自己说大话，要把三个字都做到！但是我们之目的不得不如此定。我们把目的定了，将三个字平均做。不要只做这个，丢掉那个。一步一步向前走，走到那里是那里，做到什么程度是什么程度。

我们拿清代的读书人说：王念孙、王引之父子读书，可说是做到“精”字。我们只要读了他们的《读书杂志》和《经传释词》，就可以知道。《读书杂志》校订《荀子·君道》篇中“数十”两个字云：

> “古有万国，今有数十焉。”念孙案：《富国》篇，“数十”作“十数”。作十数是也。当荀子著书时，国之存者已无数十矣。

又校订《荀子·强国》篇“西伐蔡”三个字云：

> “子发将（子匠反）西伐蔡。”念孙案：蔡在楚北，非在楚西，不得言西伐蔡。“西”当为“而”。言子发将兵而伐蔡也。

这两个误字，在表面上都看不出是误，却实在是误字。王念孙能看出，不能说不是他的眼光精锐。

又校《晏子春秋》外篇《重而异者》“扐寡人止之”一句云：

> 然则夫子扐寡人止之。卢曰：“扐，孙本改助，而音义仍作扐。亦疑而未定也。”念孙案：“扐”字义不可通，孙改为“助”，是也。《群书治要》正作“助”。孙本“助”字系剜改，盖音义先成，而剜改在后，未及追改音义耳。

这种正文和音义的不符合处，被他找看出所以然来，也是眼光精锐处。

《读书杂志》中此例甚多，不必遍举。又如“焉”字普通皆用在句尾，没有用在句首的。《经传释词》释“焉”字说：“焉”字有时用在句首，等于“于是”二字，或等于“乃”字，或等于“则”字。引证很多，今节录六证如下：

《晋语》曰：“尽逐群公子，乃立奚齐，焉始为令，国无公族焉。”言于是始为令也。

《墨子·鲁问》篇曰：“公输子自鲁南游楚，焉始为舟战之器。”于是始为舟战之器也。

《大戴礼·王言》篇曰：“七教修，焉可以守；三至行，焉可以征。”言乃可以守，乃可以征也。

《墨子·兼爱》篇曰：“必知乱之所自起，焉能治之；不知乱之所自起，则不能治。”言知乱之所自起，乃能治之也。

《荀子·礼记》篇“三者偏亡，焉无安人”，《史记·礼书》“焉”作“则”。

《老子》“故贵以身为天下，则可寄天下”，《淮南子·道应训》篇引此“则”作“焉”。

全部《经传释词》都是这样的解释所谓“语词”，共一百六十字，是一种极精的工作。

所以王氏父子读书可以说是“精”了，但不能说是博。因为他们所读的书只以周、秦及汉初为限，后来许多书都不读。在他们以为没有读的必要，其实是不对的。如说“通”，乃是更说不到。

清代中叶的赵翼和清末的俞樾都可说是博。他们无书不读。上自所谓圣经贤传，下至医卜星相、稗官小说之类，在旧式的学者以为没有可读之价值的，在他们只要是一本书，他们都要读。所以，他们的见闻不可说是不广。我们只须读了赵翼的《陔馀丛考》和俞樾的《茶香室丛钞》，就可以知道。

现在各引一条为例如下。《陔馀丛考·小姐》条云：

> 今南方搢绅家女多称“小姐”。在宋时则闺阁女称“小娘子”，而“小姐”乃贱者之称耳。钱惟演《玉堂逢辰录》，记营王宫火起于茶酒宫人韩小姐，谋放火私奔。是宫婢称“小姐”也。东坡亦有成伯席上赠妓人杨小姐诗。《夷坚志》，傅九者，好狎游，常与散乐林小姐绸缪，约窃而逃，不得遂，与林小姐共缢死。又建康女娼杨氏死，现形与蔡五为妻，一道士来，仗剑逐去。谓蔡曰：“此建康娼女杨小姐也。”此妓女称“小姐”也。

《茶香室丛钞·聊乐我员》条云：

> 宋杨敬仲著《诗解》，解此句云："我自有员姓者为我妻也。"见楼钥《攻媿集》。
>
> 按此解亦甚新。楼氏以古无员姓非之，不知此员字若作姓解，当读为"妘"。《说文·女部》："妘"，祝融之后姓也。韦昭注《郑语》云："陆终第四子曰求，言为妘姓，封于郐，今新郑也。"然则郑固有妘姓矣。"妘"通作"云"。《广韵》二十文云："古文雲字，亦姓，出自祝融之后。"而此经"员"字，《释文》曰："本亦作云。"则其通作"妘"，有明证矣。

在今日看起来，他们二人的书，是极好的社会史料。但是不能组织成一部完美的社会史，这就是不能"通"。而所有的史料也没有经过严密的审查，他们也没有审查的能力（俞樾尤甚），这就是不能"精"。

说到"通"，在清代可推章学诚为代表。章学诚的"精"不及王氏父子，"博"不及赵翼、俞樾，但他能"通"，所以能卓然成为学者。他的《文史通义》，在清代虽不十分著名，到现在他的价值差不多大家都知道了。今节录他的《文理篇》数段如下：

夫立言之要，在于有物。古人著为文章，皆本于中之所见，初非好为炳炳烺烺。如锦工绣女之矜夸采色已也。富贵公子，虽醉梦中不能作寒酸求乞语；疾痛患难之人，虽置之丝竹华宴之场，不能易其呻吟而作欢笑。此声之所以肖其心，而文之所以不能彼此相易，各自成家者也。今舍己之所求，而摹古人之形似：是杞梁之妻善哭其夫，而西家偕老之妇亦学其悲号；屈子自沉汨罗，而同心一德之朝，其臣亦宜作楚怨也。不亦傎乎！

文字之佳胜，正贵读者之自得。如饮食甘旨，衣服轻暖。衣且食者之领受，各自知之，而难以告人。如欲告人衣食之道，当指脍炙而令其自尝，可得旨甘；指狐貉而令其自被，可得轻暖，则有是道矣。必吐己之所尝而哺人以授之甘，搂人之身而置怀以授之暖，则无是理也。

陆机《文赋》、刘勰《文心雕龙》、锺嵘《诗品》，或偶举精字善句，或品评全篇得失，令观之者得意文中，会心言外，其于文辞，思过半矣。至于不得已而摘句为书，标识为类，是乃一时心之所会，未必出于其书之本然。比如怀人见月而思，月岂必主远怀；久客听雨而悲，雨岂必有愁况。然而月下之怀，雨中之感，岂非天地至文，而欲以此感此怀藏为秘密，或欲嘉惠后学，以谓凡对明月与听霖雨，必须用此悲感，方可领略；则适当良友乍逢，及新昏宴尔之人，必不信矣。是以学文之事，可授受者规矩方圆，其不可授受者心营意造。至于纂类摘比之书，标识评点之册，本为文之末务，不可揭以告人，只可用以自志。父不得而与子，师不得以传弟。盖恐以古人无穷之书，而拘于一时有限之心手也。

夫书之难以一端尽也，仁者见仁，智者见智。诗之音节，文之法度，君子以谓可不学而能，知啼笑之有收纵，歌哭之有抑扬，必欲揭以示人，人反拘而不得歌哭啼笑之至情矣。然使一己之见，不事穿凿过求，而偶然浏览，有会于心，笔而志之，以自省识，未尝不可资修辞之助也；乃因一己所见，而谓天下之人皆当范我之心手焉，后人或我从矣，起古人而问之，乃曰"余之所命不在是矣"，毋乃冤欤！

他又尝论《檀弓》用字造句云：

《檀弓》："南宫绍之妻之姑之丧。"评者谓叠用三“之”字，句法之妙。又石骀仲卒章叠用四“沐浴佩玉”句，评者又谓文之妙于繁者。《檀弓》之文诚古，然佳处却不在此。如云：“南宫縚妻有姑之丧”，句自简明亡弊。何为必叠用“之”字见长？石骀仲章，但云：“卜所以为后者，曰‘沐浴佩玉则兆。’”五人从之，石祈子否，曰：“乌有执亲之丧而沐浴佩玉者乎？”省去二重叠句，未尝不妙。夫经传成文，流传已久，岂可妄议增损字句。但必谓古人文辞佳处在此，则傅会之见矣。《曲礼》“若夫坐如尸，立如齐”，“若夫”虚字凭空而起，自是记家删节古书原文，而删改有未尽者。故犹存蒙上文势耳。评家又谓古人文笔之妙，贻误初学不小。（附《檀弓》原文云：石骀仲卒。无嫡子，有庶子六人。卜所以为后者。曰：“沐浴佩玉则兆。”五人者皆沐浴佩玉。石祈子曰：“孰有执亲之丧，而沐浴佩玉者乎？”不沐浴佩玉。石祈子兆。）

这一类的话在我们今日看起来，虽然是很寻常，不见得有什么创见。但在他那时候，一般读书人的思想，没有这样的开展，这一类的话无人能说，也无人敢说。章学诚见得到，说得出，这就是我们所谓“通”了。

精而不通的弊病，是执固。例如前面所说的段玉裁辨“黄花入麦稀”就是一个例。又如《墨子》书中本多奇字，而于兵法中各种器物，为更甚。如“儡”“隴”本是特别器具，而毕沅校本以为俱是“鼠”字之误。又如“鼟”字原意当是指金属所制鼓，如铜鼓。而毕沅校本以为即“鼓”字。因毕沅成见甚深，他以为无来历的字，统指为误字，为坏字，而不顾和事实不符。

博而不通的弊病，就是喜欢拿奇字僻典骄人。例如近人编文学史，其中有“三候歌”三字，一般读者都不知“三候歌”是什么，东查西翻，也毫无着落。说穿了真好笑。原来所谓“三候歌”，就人人所知道的“大风歌”。编文学史者这样的用字，真不应该。又近人谭延闿替上海某茶食店写招牌，写了“推谭仆远”四字。一般上海人都不知道什么意思。有人问章太炎，章太炎也不懂。后来经人转了几个弯，才从《后汉书·西南夷传》注中查出。原来是一句外国语，意思是“甘美酒食”。说穿了岂不好笑！替人家写招牌，有一点特别的风味，这样的写，未尝不可。然究竟是以博骄人，不及大大方方说话的好。

这一类的笑话很多很多，说不胜说。只就我最近看见的一条，随笔记在这里，以见一斑。据《茶香室丛钞》转引某书，说古时有所谓“飞鸟书”。你道飞鸟书是什么？

就是“地图”。意思是地图上的远近，都是照直线计算，和地面上的路径有弯曲的不同，恰如鸟子飞的路程一般，故称“飞鸟书”。这三个字倘然被博而不通的人，拿来代替“地图”二字用，那真要害死读者了。

总之，“精”的弊病是仄狭，“博”的弊病是琐碎。“通”比较的好，然通而不精，就流于浮泛；通而不博，就病于空疏。所以“精”“博”“通”三字都不可少，不过，“精”“博”“通”三字的音，和“竟不通”很相近。我们拿这“精”“博”“通”三字做个口号，切切不要念差了。

第七章　明学术源流

我们读古书除了前面各章所说的话而外，再有两件事应该知道：一，是明学术源流，二，是明古书源流。今先说明学术源流。以前，中国的读书者不注重学术源流，所以关于这一类的书并不多，这是给我们读书人的一个困难之点。而且中国的学术自己另成一个系统，和西洋学术的系统不同，我们拿西洋学术的名称来支配中国原有的学术，不是支离割裂，就是牵强附会，名为整理，实在是越整理越糟糕。这是给我们读书人的第二个困难之点。

我不是说中国旧学，不应该整理，不过不能用固定的机器来作工。今人把整理旧学看得太容易，以为把古书拿来一翻，凡是说到“财”字的，就把他当是经济学看；凡是说到“庠”“序”“学校”等字的，就把他当教育学看；凡是说到“心”字的，就把他当心理学看；凡是说到“物”

字的，就把他当物理学看；其实何尝是如此。例如“人心惟危，道心惟微”，并不是心理学。“致知在格物”，并不是物理学。倘然这样的支配起来，就要弄得莫名其妙。又如《大学》从正心，修身，说到齐家，治国，平天下，原是一个系统。倘然把他分割开来，正心是心理学，修身是伦理学，齐家是社会学，治国平天下是政治学，而况正心以前还有什么诚意，致知等，那么，这一章是分开来讲呢？还是一直讲下去？这不过是极浅的两个例，以外如此之类的事很多，我们固然要希望寻出一个纲领来，以便于后来的人去研究，但是决不能采用西洋的方法呆板的来用。所以我们要读古书，是要先明白原有的学术源流，就是要把他重新整理一下，也要先明白他原有的源流。旧有关于这类的书虽然不好，但是我们在今日不读古书就罢，如要读古书，这些书是不得不先看一下子的。现在把几种必须用的开列如下：

《汉书·艺文志》

《隋书·经籍志》

要明学术源流，这两种书是必须备的。而《汉书·艺文志》尤为重要。如没有“二十四史”的人，可单买一部《八史经籍志》，那么，《汉志》《隋志》都包括在中间。近人顾实有《汉书艺文志讲疏》，可供参考。

《三通序》

杜佑《通典》，郑樵《通志》，马端临《通考》，共称为“三通”。后人单刻其序文为《三通序》。

《传经表》

《通经表》

清毕沅撰。在《式训堂丛书》（即《校经山房丛书》）中。

《经学历史》

清皮锡瑞撰。原刻本。有商务影印本。又有学生国学丛书标点注解本。

以上三书是专门讲所谓“经学”传授的源流的。

《史通》

唐刘知幾撰。清浦起凤有《史通通释》，比较的易读。这是专门研究史学的书，史学源流也包括在中间。

《文史通义》

清章学诚撰。可供参考。

《庄子·天下篇》

在《庄子》书内。又有顾实《庄子天下篇讲疏》。

《司马谈论六家要旨》

在《史记·太史公自序》内。

《刘子·九流篇》

北齐刘昼撰。《刘子》有崇文书局《百子全书本》。以上三篇，讲诸子源流很详。

《文心雕龙》

梁刘勰撰。古代专门研究文学的书，只不过这一部。在今日看起来，虽不能说完全好，但有一部分确是好的。文学源流也包括在中间。

《古文辞类纂序目》

清姚鼐撰。《古文辞类纂》人家都当他是一部古文选本看，其实，选得并不好，只有前面一篇序目，把古文源流说得很清楚，确有相当的价值，我们不得不一读。

《经史百家杂钞序例》

清曾国藩撰。性质和《古文辞类纂序目》一样。但价值比他高。以上两书板本很多，但以木板的为佳。

以上所列的书目，都是十二分切实适用的。此外再有近人新著的书，如胡适《中国哲学史大纲》，王国维《宋元戏曲史》，鲁迅《中国小说史略》，及某君《中国绘画史》《中国音乐史》之类，或是有新的见解，或是那种学术在以前没有人十分注意（如戏曲史之类），这些书在今日为创作，都是应该找来略看一看。

我们把学术源流明白了，然后去读古书，自然是事半功倍。若因为时间关系，不能先把以上各书读完了，然后去读其他古书，也无妨同时并读。总之，不必执固不通，我们可照自己的环境及自己的性情，变通办理。这也是所谓“通”了。

第八章　明古书源流

现在再说明古书源流。所谓古书源流，与学术源流略有不同。学术源流是指学派而言，古书源流是指书的本身而言。

要明白古书源流，又当分为两层来说。一是目录，二是板本。今先说目录。我们读书的人，必先有了一份目录，然后知道有些什么书，是一定的道理。把全部分书籍整理一下，编定一个目录，这是从刘向起头。孔子虽然整理过旧书，但没有编订过目录。刘向校书于天禄阁，把那时候所有一切的书分了七种门类，编了一个目录，名叫《别录》；后来他的儿子刘歆，又另编定了一个目录，但仍因袭着他老子的七种门类，称为《七略》。班固的《汉书·艺文志》，就是根据于《七略》《别录》而编成的。今《七略》《别录》已不传（除了清人辑本不算），所以今日所见的讲目录的书，以《汉书·艺文志》为最古。其次便是《隋书·经籍志》了。

书目大概可分为备查的和备读的两种。

备查的又有下列四类：

（1）史志中的书目。如《汉书·艺文志》《隋书·经籍志》之类。又有后人补作的如《补后汉书艺文志》《补元史艺文志》之类。

（2）地方志中的书目。如《某某省志》《某某县志》，关于某一个地方的人所著的书，都有一个书目在里面。

（3）国家藏书的书目。如《七略》《别录》，就是汉代国家藏书的书目。后来唐代的《开元四库书目》（今不传），宋代的《崇文总目》（今存《汗筠斋丛书》中），明代的《文渊阁书目》（今存《读画斋丛书》中），清代《四库总目》等都是。今日《国立图书馆的书目》也归入此类。

（4）私人藏书的书目。以唐人吴兢《西斋书目》为最早，但今不存。其存在的，以宋人尤袤的《遂初堂书目》为最早。其他如《天一阁书目》《绛云楼书目》《铁琴铜剑楼书目》等都是。此种书目更多不胜举，今但举几种最著名的如左。

这一类的书目只是供给备查的。并不是指示读书门径的。指示读书门径的书目，我们称为备读的书目。

备读的书目以张之洞《书目答问》为最适用。（其中所举也有不是必须读的，阅者自己可以分别。）其他就是近人梁任公、胡适之等人所开的书目了。

上面讲完了目录，如今再讲板本。中国刻书虽始于唐及五代，而实盛于宋。故在今日“宋板”的书已算是最名贵的了。不过，当古董看自然以“宋板”“元板”为名贵，若是拿来当书读，“宋元板”不及清人精刻的好。因为刻工及校对都是后人比前人精，这是无可讳言的。今就刻书的性质，把板本分为三种如下：

（1）官刻本。或称为国家刻本。就是中央政府所刊行的。如明代国子监所刊的书就是。南国子监所刻的称为“南监本”，北国子监所刻的称为“北监本”。又如清代的“殿板书”是刊于武英殿的，如殿板“二十四史”之类便是。又有武英殿《聚珍板丛书》，所包涵的书很多。此外各省多有省立的书局，专门刻书的，如江苏有苏州书局（现改归苏州图书馆），浙江有浙江书局（现改归浙江图书馆），江西有江西书局（现改归豫章图书馆），广东有广雅书局，湖南有思贤书局，湖北有崇文书局，扬州有淮南书局。他们所刊的书也可称为官刻本。又有书院所刻的也称为官刻本。如广州的学海堂所刻的《经解》及《学海堂丛刻》，福州的正谊堂所刻的《正谊堂全书》，都是最有名的。

（2）家刻本。就是私人刻的。大多数是自著自刻的。以外就是大部的丛书。如《粤雅堂丛书》（伍崇曜刻），《知不足斋丛书》（鲍廷博刻）都是。明末最著名的私家刻书者，就是汲古阁主人毛晋。但是他刻书的性质已介于家坊刻之间了（坊刻见下）。

（3）坊刻本。就是书铺里刻的。书铺刻书卖钱，在南宋已有，明、清以来，日盛一日。到了今日，几乎除了坊刻本而外，只有极少数的家刻本，官刻本已没有了。

以上三种刻本之中，应以家刻为最好。因为自著自刻，当然是很经心的，官刻之目的，虽然在宣传文化，然校阅的人，都是雇用的，对于校阅不免有敷衍塞责的地方，只要蒙过了经办人的眼睛就完了，况且经办人也未必个个内行。所以官刻本也有不可靠的地方。至于坊刻，目的是在谋利，刻工愈省愈好，出品愈快愈好，板本自身是好不好，是他们所不注意的了。明代的书坊刻书往往有贪图工料节省，把全书抽去若干，而仍混称为全书的。又往往利用简笔字以节省刻工。校阅方面，更不能精审了。所以三种板本之中以坊刻为最不好。

以上的板本，是指木板而言。如在今日，除了木板以外，更有石印、铅印种种。而石印、铅印的古书，必有根据。倘然所根据的板本好，当然是好，所根据的板本不好，就不好。至于石印、铅印的本身好不好，乃又另是一个问题。

石印又分为两种：一种是照原书影印的（简称影印），一种是写印的，所以总共有三种。而三种之中，以影印为最佳，其次是铅印，最不好的是写印。

本来目录学和板本学好像已成了两种专门的学问，内容非常的复杂，决不是我这样的几句话所能道其万一。但是我们现在也不必研究到什么很深的程度。只要有相当的程度，已够用了。如要讲到精深，那么一般的读书人反而比不上贩卖旧书的书贾。然而书贾终是书贾，只知买书卖书，而不能读书。

关于专门讲板本的书有叶德辉的《书林清话》（家刻本），关于专门讲雕板源流的书，有孙毓修的《雕板源流考》（商务本）可供参考。

第九章　材料与工具

我们在前第二章里已经说明白了，我们因为考古致用而读古书。因此，古书只是我们考古与致用的材料，并不是我们的圣经，也不是我们的约法。古书是我们考古与致用的材料，是不错的，但其中也有一部分是工具。没有材料，单有工具，固然不能做工；然单有材料，没有工具，也不能做工。读古书也是这样。至于那些书是材料？那些书是工具？我们下面把他大略说一说：

我们寻常所读的各种名著，都可以把他们当材料看。此外再有经前人收集来的现成材料，更可以大大的利用他。这些书名大概是如下面所开的几种。

《梦溪笔谈》	宋沈括撰
《容斋五笔》	宋洪迈撰
《困学纪闻》	宋王应麟撰

《七修类稿》　　明郎瑛撰
《丹铅总录》　　明杨慎撰
《少室山房笔丛》　　明胡应麟撰
《日知录》　　清顾炎武撰
《陔馀丛考》　　清赵翼撰
《十驾斋养新录》　　清钱大昕撰
《癸巳类稿》　　清俞正燮撰
《茶香室丛钞》　　清俞樾撰

我们无论是研究文学，或是研究哲学，或是研究社会问题，往这些书里去取材料，都是所谓“俯拾即是”，十分便利。这些书好像是杂货店，又好像是百货公司，无论是吃的，用的，他们都从各地方搜集来，陈列着，以供给我们的选择，只要我们有选择的能力就行了。工具，是帮助我们工作的。譬如开门，倘然门没有锁，我们可以用手推开；倘然锁了，就非先找到了钥匙不行。我们读书遇着不识的字，非翻字典不行，那么，字典就是我们的钥匙。

也有一种事，不用工具也可以做的，譬如行路，只凭两只脚也可以行，但是用力多而收效少。倘然乘脚踏车，那就用力少而收效多了。倘如乘火车，竟可以全不用力而收效更多。读书也是如此。譬如根据历史去计算年代，计算唐玄宗天宝元年是民国前几年，未尝算不出，但是太吃力。倘然查一查现成的历代纪元表，只须两三分钟工夫就查得出来。所以读书是离不了工具的。

关于工具的书，除了人人所知的字典《辞源》而外，再有下面所开的几种书，是读古书的人必备的工具。

《经籍纂诂》	清阮元撰
《读书杂志》	清王念孙撰
《助辞辨略》	清刘淇撰
《古书疑义举例》	清俞樾撰
《历代纪元编》	清李兆洛撰
《历代地理志韵编》	清李兆洛撰
《历代名人年谱》	清吴荣光撰

此外再备几部近日坊间所出的普通辞书，及专门辞书，以备检查。读书时遇着困难的地方，去请教他们，虽不能“百问百答”，“有求必应”，但最低的限度：问一百可以答五十，求二百必能应一百。这一类的书，是你的不要薪水的顾问，不要学费的先生。胡适之先生尝劝人家说：“就是当了衣服，也要多买几部字典。”这话是不错的。当了衣服买字典，还是合算的。因为买了一次，就可以用一世了。

第十章　读了若干部古书所得到的概念

我们读了若干部古书，对于中国旧的学问，旧的风俗，习惯，可得到一种什么概念么？旧的学问到底能不能算学问？旧的风俗，习惯，到底是好？是不好？我们可有一种什么感想么？

这个问题是不容易答的。答复的人也是各执一说，各是其是。我现在且不必逐个的批评他人的话，只把我个人所得到的概念写出来，供他人作为参考的资料。现在举几条大纲如下，而后逐条加以说明。

（1）有思想而无实验。

（2）思想笼统而不善于分析。

（3）学问零碎而无系统。

（4）学术名词无确切的界说。

（5）善于收吸外来的文化，而使他变为中国式。

（6）中国的学术都以政治为中心，如和政治无关的，便视为不重要。

（7）最好的是文学、艺术的作品及实践伦理。

（8）文学及艺术的作品，只是优美的，缺乏壮美的。

（9）缺乏哲学思想和科学思想，外来的哲学思想及科学思想往往是文学化，或艺术化了。

（10）人民缺乏政治知识。

以上十条大纲，当然是不完备，但是已可略见一斑了。现在再逐条加以说明如下。

（1）有思想而无实验

为什么说有思想而无实验呢？例如唐人段成式的《酉阳杂俎》说："月势如丸，其影，多为日烁其凸处也。"宋人沈括的《梦溪笔谈》说："或问：'日月如丸，如扇耶？'余曰：'如丸。以月盈亏可验也。月无光，日之曜乃光耳。光之初生，日在其旁，故光侧，而所见才如钩。日渐远，则斜照，而光稍满。如弹丸，以粉涂其半，侧视之，则粉处如钩，对视之，则正圆。此有以知其如丸也。'"这两段话，都是很好的关于天文学的思想。但是缺乏实地的窥测，如今日的天文台上所做的工作。因此，只有这样的思想，而始终不能做成一种精密的天文学。

又如朱子尝登山，看见蚌壳，疑心到现在的山巅就是太古时代的海底。又中国尝有"沧海变为桑田"之说，流传于众口。又柳宗元有《说天》一篇，将地比为有机体的东西，人类比如微生虫一类的东西，说人类垦田，伐山凿井，筑墓，恰如微生虫损害有机体一样。这些都是很好的关于地质学的思想。然他们只不过如此说说罢了，到底不能成为地质学。

在政治、社会方面，如黄宗羲的《原君》，已大概知道"国是人民所公有，不是皇帝一人的私产"的道理。柳宗元的《送薛存义之任序》，已知道"官吏是人民公仆"的道理。王安石说："……圣人不作，……顾引而归之太古，太古之道果可行之万世，圣人恶用制作于其间？必制作于其间，为太古之不可行也。"这话已知道社会进化的道理。柳宗元说："夫气烦则虑乱，视壅则志滞。君子必有游息之物，高明之具，使之清宁平夷，恒若有余；然后理达而事成。……在昔裨谌谋野而获，宓子弹琴而理；乱虑滞志，无所容入。则夫观游者果为政之具欤！"这话已知道公园有益于人民的道理。不过他始终不能有什么建设，只不过留着这些在他们的文集里，作为一种点缀品罢了。

凡是上面所举的事实，都是有思想而无实验的实例。

（2）思想笼统而不善于分析

为什么说思想笼统而不善于分析呢？例如孟子骂墨子，不管三七二十一，总骂一句他是禽兽。只知道墨子讲兼爱，讲节葬，那就是不孝，不孝就是无父，无父就是禽兽。却不能把墨子所讲的兼爱、节葬的话，精细的分析开来，严密的观察一下，那几点是好？那几点是不好？这样的骂墨子，叫墨子如何服呢！这一类的例，在古代是很多，举不胜举。这一点，在现在知道的人也已经很多了，更不用着我再来噜噜苏苏的举例说明，不过，最近遇见一件事，随便把他记在这里，可见中国人的笼统思想，不但古代如此，就是到现在还是如此。这件事的情形大概是如下：

某年，上海某报上忽然登载了一件女子问题的讨论的稿子。题目叫作“打倒雌老虎”。加入讨论的人分为两组：一组是赞成打倒的，一组是说打倒是不合理的。彼此你一辩来，我一驳去，接连在报上登了好几期，到最后，还是一场没结果而散。当时我没有加入讨论，只立在观战的地位，下一句批评道：“这个问题不必如此讨论，只消两句话就解决了。我们暂且把‘雌’字放在一边，不要去理他，只问他是不是老虎。倘然是老虎，就应该打倒；倘然不是老虎，就不应该打倒。这样的判断，岂不是极简便？极确当？如再要讨论，就当寻找是不是老虎的证据。”却是在那时候讨论的人，都把“老虎”二字丢了不管，只注意在一个“雌”字上。这真是思想笼统而不善于分析的一个好例。大约他们是将“雌老虎”认为一个名词，认为是女子的代名词；而不善于将“雌”字和“老虎”二字分析开来说。所以就有这样的弊病。我说这话，我实在不是有意讪笑人家，实在是希望以后的讨论者不要再患了这种毛病。

（3）学问零碎而无系统

为什么说学问零碎而无系统呢？这种事实，凡是多读过几部中国古书的人大概都感觉到的，而且都认为是读古书中的一个困难问题。我们试看孔子的伦理学，政治学，教育学，包括在一部《论语》中，何等的零碎！孟子的伦理学，政治学，教育学，包括在一部《孟子》书中，也何等的零碎！老子的宇宙观，人生观，商君的功利政策，韩非的法治主义，也无不是如此。

在中国对于研究一种学问有系统的书，大家都知道，以刘勰的《文心雕龙》及刘知幾的《史通》为最有名。至如章学诚的《文史通义》，因为比较的时代更迟，暂且不说了。

然而《史通》的方法，未尝不是从《文心雕龙》学来的，而《文心雕龙》的作者刘勰，他少年时就寄住在和尚庵里，读了不少的佛书，到后来还实行出家做了和尚，佛书的结构本很精密，大约刘勰的《文心雕龙》的作法是受了佛书很深的影响。如此说来，有系统的著作，在中国确是没有的；间有一二，也是受了外来的影响。

（4）学术名词无确切的界说

为什么说学术名词无确切的界说？这大概读过几部中国古书的人也都感觉得到的。譬如老子所说“道”，孔子所说的“仁”，到底什么叫“道”？什么叫“仁”？他们自己不曾下一个确切的界说，便叫后来读书的人感着无限的困难。况且同是一个“道”字，在孔子书中所说的“道”，决不是等于老子书中所说的“道”。同是一个“仁”字，同在孔子口里说出来，却是对于这个学生是这样的说，对于那个学生又那样的说。到底那一种说法是对呢？在孔子自己的认为是都对的。他的理由，是对各个学生的毛病而发药。这话虽然是不错，但照这样说，孔子答复他弟子的话，是替弟子医病的药方，我们现在的人，决不会患了和他任一个弟子同样的病，所以他的药方，除了对于当时一个人而外，就毫无用处。我们生在后代的人，不问病证如何，只拿固定的药方去服药，这个结果如何，是可想而知了。

我们就丢开事实不说，再说理论，单是药方，决不能称为医学。所以这一点在学术上说是失败的。

所以中国古书对于学术名词没有确切的界说，确是一个极大的缺点。

（5）善于收吸外来的文化，而使他变为中国式

为什么这样说呢？我们试看几个实例，就可以知道。就大的问题，远的事实说，由收吸印度的佛学而变出中国的“禅宗”，又由“禅宗”而变出“理学”，这都是先收吸外来的文化，而后变成中国式的。就小的问题，近的事实说，标点符号，本来就是从西洋输入的，但是今日通用的标点符号，如人名号，书名号等，但不是西洋所原有的，而引号有些人用的也和西洋原有的不同，这是已经变为中国式了。又如上海西餐馆里出售的所谓西餐，也和真的西餐不同，也是已经中国化了。

大约中国民族的特性，既善于收吸外来的文化，而又善于使他变成中国式。

（6）中国的学术都以政治为中心，如和政治无关的，便视为不重要

为什么这样说呢？试看中国自上古一直到现在，在学界最占势力的，莫如孔子、老子两家的学说。而这两家的学说，都以政治为中心。虽然也包括伦理、教育等等，但无不归本于政治。如《论语》第一篇是《学而》，第二篇就是《为政》。其所学的无非是为政之道。《大学》从格物，致知，诚意，正心，修身，齐家，直说到治国平天下为止，要把这各项做成一气，最后便是治国平天下。孟子周游各国，说来说去，无非是想行他理想政治，就是仁政。这可证明孔子一派的学说是以政治为中心了。所以《汉书·艺文志》说："儒家者流，盖出于司徒之官，助人君顺阴阳，明教化者也。"《汉志》这话是不错的。

老子的学说，今人多认为是哲学，其实不是哲学，乃是政治学，即人君治民之术。《汉书·艺文志》称为"人君南面术"。我另有《老子学辨》一书，说明此事，认老子之学为"人君南面术"，而分其术为五步：第一用兵，第二取天下，第三治天下，第四功成名遂身退，第五养身。这话甚长，在这里不必多说，读者如能参看《老子学辨》，就可以知道。总之，老子的学说为政治学，已被《汉志》

"此人君南面之术也"一句话说完了。

此外在周、秦时商君及韩非的学说，当然以政治为中心，更不必再要加以说明。墨子和惠施、公孙龙等人的学说，不是以政治为中心，他们的学说影响于后世人的心理也不深。《庄子》的学说毫无政治的关系，他影响于后世人的心理很深，但是在全部中国学术思想中，他所占的地位不多。所以就大体说，还是以政治为中心。

其他和政治无关的，或脱离了政治而独立的学术，如农工商医等等，都以为不重要。就是有人说起，也往往把他拉入政治的范围以内去讲。就农学说罢，譬如明代徐光启所撰的《农政全书》，他以"农政"题名，将农事认为是政治的一种。他的思想是根于古语"国以民为本，民以食为天"而来的。所以从他的题名，可以看出他的思想来；而他的思想，也就可以为"学术以政治为中心的思想"的代表。

（7）最好的是文学、艺术的作品及实践伦理

为什么这样说呢？我们根据前面（1）（2）（3）（4）各节所说的话，已经知道所谓中国的学术，是无实验的，是不分析的，是无系统的，学术名词是无确切的界说的。

如此说来，简直是不成其为学术。那怪不得现在有人不承认中国有学术了。

倘然立脚在这一点而发言，我也不能承认中国有学术。但是，中国却有许多的很好的东西。这些东西，作时髦一点的口气说，就是“我们的宝贝”；作腐化的口气说，就是“国粹”；作似通不通的口气说，就是“国学”。这些到底是什么呢？就是我们的文学作品，艺术作品，及实践伦理。

先就文学说罢，古代的中国人，并不懂得什么文学原理，也没有文学史的观念；就是有说到关于文学原理的话，或是关于文学史的话，也只是零碎的，而没有组成系统。所以照严格的说，不能说是有文学。但是，再看一看文学作品，却有许多很好的创作。《国风》，《楚骚》，陶渊明、李太白、杜少陵等人的诗，司马迁的散文，以及《三国演义》，《西游记》，《红楼梦》，都是在全世界可以占一席地。此外比较次一等的更不消说了。所以我说，文学作品是中国最好的事件中之一种。

再说艺术，也和文学一样。古代的中国人不明白什么是艺术原理，也没有艺术史的观念；但是看一看艺术作品，却有许多很好的创作。图画、雕刻、陶塑、刺绣，都是所谓“驰名中外”，所谓“寰球闻名”的。这一点想是大家都知道，也用不着我再来饶舌了。所以我说，艺术作品也是中国最好的事件中之一种。

再说伦理，也和文学艺术一样，中国不能说有伦理学。孔子教人孝，教人悌，他只说，凡是做儿子的都应该孝父母，凡是做弟弟的都应该悌兄长；他却不曾说明为什么要孝？为什么要悌？所以孔子的话不能称为学。而在实践一方面看来，却是了不得。上自所谓圣君贤相，下至匹夫匹妇，能实行孝悌之道的实在多至不可胜数。这也不必要我一个一个举出姓名来为证了。除了孝悌而外，其他信义等美德都如此。所以我说，实践伦理也是中国最好的事件中之一种。

（8）文学及艺术的作品，只是优美的，缺乏壮美的

为什么这样说呢？试看《礼记》中的《经解》，解释《诗经》道："温柔敦厚，诗教也。"这"温柔敦厚"四个字，可以拿来评论大多数的好的中国文学作品。虽也有一二例外，但他是有特别的关系，等我在下面再另外说明他。

艺术呢？如山水画，都是以平淡为最高的标准。就是写重峦叠嶂，而其笔墨之间，仍是有一种秀气。甚至于写

猛兽、鸷鸟，如虎，如鹰，也只觉得可爱，而不觉得可怕。又如音乐，古乐多和平之音，而绝无发扬踔厉的精神。图书、音乐如此，其他一切的艺术无不如此。

至于有几个例外，那都是受了外来的影响。在文学作品里，如李太白的诗，如唐人出塞的诗，可说是壮美。但是他受了外来的影响，就是经过东晋、南北朝西北胡人与汉人杂居而后，中国文学界所发生的变化，这些文学作品中的壮美份子，都是西北胡人所给与汉人的。最近冯承钧且说李太白不是生于中国（见《唐代华化蕃胡考》），这话不是没有道理。在艺术作品，如万里长城的建筑，如北平宫殿的建筑，如云冈佛像的雕刻，这样的伟大，不能说不是壮美。然这些也都是受了外来的影响，云冈佛像是受了外来的影响，这是不消说的了。北平的宫殿，是建于元代，据近人陈垣所考，当时经手建造元宫的乃是阿拉伯人（当时称为大食人）名叫也黑迭儿（见《元西域人华化考》）。陈垣所说虽只注意于元人华化方面，然我们因此确知这位经手建筑的人既为阿拉伯人，我们就可以知道元宫建筑的伟大，是受了阿拉伯的影响。我们试读一读林译的《大食故宫馀载》，就可以知道阿拉伯人建筑的规模了。万里长城呢，一般人都以为是秦始皇所造，其实并不是如此。秦始皇虽然造过长城，然今日所见的长城，乃是后来屡次扩充增修而成的，不是秦始皇时一次造成的。最后到明代还增修过。所以我们不能认为是古代的一种伟大的建筑物。

总之，就中国人的性情习惯看起来，是只会产生优美的文学作品及艺术作品，而不会产生壮美的。所有的壮美的作品，乃是例外，那是受了外来的影响。

（9）缺乏哲学思想和科学思想，外来的哲学思想及科学思想往往是文学化或艺术化了

为什么这样说呢？空说无凭，当然要举出事实来做证据。如佛学本是哲学（大概说他是哲学，不过也有宗教夹杂在里面），但是一经中国的文人学会了，就拿他来做文学的材料。如唐代的王摩诘、白香山，宋代的苏东坡都是如此。王摩诘的“一悟寂为乐，此身闲有余”；白香山的“不如学无生，无生即无灭”；苏东坡的“秋来霜露满东园，芦菔生儿芥有孙。我与何曾同一饱，不知何苦食鸡豚！”这些思想都是从佛书中来的，然则他不是当哲学研究，只拿来当文学材料用。这是印度的哲学输入中国而文学化了。

如今连带说一说印度的宗教。原来佛像在印度本是给人供养的，但是一到了中国，就不尽然。雕刻的或是画的佛像，固然有许多人取来供养，然而也有许多人拿来当装

饰品看，当古董看。岂不是已经艺术化了么？更奇怪的，所谓观音菩萨，在印度并没有说他是女性，更没有说他貌美。但是在中国的观音菩萨像，都是女性，而且是美貌的女子。这虽然也有其他的原因，但多半也是艺术化的关系。所谓其他的原因，就是说：观音本来有种种的化身，而在中国所化的是女子，所以在中国的观音像都是女性。然这不是唯一的原因，除此之外，艺术化也有些关系。不然，也只应该供养，而不应该拿来赏鉴。以上所说的话，是印度的宗教输入中国而艺术化了。

如今再说西洋的科学。最初期的诗界革命，就是拿一点西洋的科学思想，来放在中国的旧诗里。最会做这种诗的人，就是梁任公及胡适之所佩服的黄公度。他的代表作品，就是《以莲菊桃杂供一瓶作歌》。今不嫌繁冗，录他的原诗如下：

> 南斗在北海西流，春非我春秋非秋。人言今日是新岁，百花烂漫堆案头。主人三载蛮夷长，足遍五洲多异想。且将本领管群花，一瓶海水同供养。莲花衣白菊衣黄，夭桃侧侍添红妆。双花并头一在手，叶叶相对花相当。浓如栴檀和众香，灿如云锦粉五色。华如宝衣陈七市，美如琼浆合玉食。如竞笳鼓调筝琶，

蕃汉龟兹乐一律。如天雨花花满身，合仙佛魔同一室。如招海客通商船，红黄白种同一国。

一花惊喜初相见，四千余岁甫识面。一花自顾还自猜，万里绝域我能来。一花退立如局缩，人太孤高我惭俗。一花傲睨如居居，予更妩媚非粗疏。有时背面互猜忌，非我族类心必异。有时并肩相爱怜，得成眷属都有缘。有时低眉若饮泣，偏是同根煎太急。有时仰首翻踌躇，欲去非种谁能锄？有时俯首瞋不语，无滋他族来逼处。有时微笑临春风，来者不拒何不容！众花照影影一样，曾无人相无我相。传语天下万万花，但是同种均一家。古言猗傩花无知，听人位置无差池。我今安排花愿否？拈花笑索花点首。花不能言我饶舌，花神汝莫生分别！唐人本自善"唐花"，或者并使兰花梅花一齐发。飙轮来往如电过，不日便可归支那。此瓶不干花不萎，不必少见多怪如橐驼。地球南北倘倒转，赤道逼人寒暑变；尔时五羊仙城化作海上山，亦有四时之花开满县。

即今种花术益工，移枝接叶争天功；安知莲不变桃桃不变为菊，回黄转绿谁能穷！化工造物先造质，控抟众质亦多术；安知夺胎换骨无金丹，不使此莲此桃此菊万亿化身合为一！众生后果本前因，汝花未必原花身；动物植物轮回作生死，安知人不变花花不变为人！六十四质亦么麽，我身离合无不可；质有时坏神永存，安知我不变花花不变为我。千秋万岁魂有知，此花此我相追随！待到汝花将我供瓶时，还愿对花一读今我诗。

这首诗中的思想很复杂，有印度的哲学思想，也有西洋的科学思想。读者读了他的原诗，就可知道，不必再要说明。至于黄公度《今别离》四首，和当年《新民丛报》里所载的《新游仙诗》若干首，只不过将电报、轮船、照相器等物，做文学的材料，而没有什么思想，比较的坏一些，这里不多录了。但是我们只就这一首诗，已可以看出西洋科学输入中国后的文学化了。

这种文学化，到今日已成历史上的陈迹，以后不会有人再做这样的诗了。但是西洋的科学输入中国而变为艺术化，今日还刚在开端，以后的变化如何，现在不能预测。现在单就刚在开的一点说来。请看！电灯不是由科学而产生的一种器具么？他的作用，完全是实际应用的，而不是供人玩赏的。但现在上海有些人把电灯外面再罩上一个中国式的纸灯笼，这岂不是已经艺术化了么？虽说在西洋电灯也有装饰，但是这种罩纸灯笼的装饰，却又不同，完全是要把中国的艺术加在西洋的科学上，使他另成一种风趣。像这样的事，现在只算是才开端，以后恐怕还要多哩！由这一件事，可以知道西洋的科学输入中国是怎样的艺术化了。

（10）人民缺乏政治知识

为什么说中国人民缺乏政治知识呢？只看已往的事实就可以知道。已往的事实，人民是不管政治的，不管谁来做皇帝都好，只要不胡闹，使人民能够安居乐业，已经心满意足了。对于国家所负的责任，只是纳税，把应纳的税纳完了，任便什么都不管。所享的权利，就是做太平天子的百姓，只要有太平日子过，任便什么都不知道。一般的民众是如此的。

至于知识阶级呢？一种是积极的。读了书，预备做官，替天子治天下。其实，只不过供皇帝驱使，没有几个真有政治知识。一种是消极的。遁迹深山，足迹不入城市，得失不知，理乱不闻。对于政府是不满意的，然也不想有什么改革的方法，只是置之不理。这可说是中国式的无政府主义者。

总之，一般民众和所谓知识阶级，都缺乏政治知识。不过这种情形和现代潮流是不相宜的，我们应该根据“三民主义”革除不适宜的旧思想，以立足于现代的世界。

编后记

本书根据世界书局1931年4月版排印，由竖排繁体改横排简体，对文字、标点和引文做了核对与勘误。在充分尊重原著、保留原书用字时代特征的前提下，依据《通用规范汉字表》订正了个别异体字，如将“徧”改为“遍”等。依据标点符号使用规范，订正了个别标点，如删去了书名号和引号之间的顿号等。此次出版，我们还请当代学者撰写了导读，介绍本书内容、阅读方法等，供读者参考。